Das Tor zur Kindheit

Die Welt der Margarete Steiff

Wolfgang Heger

Das Tor zur Kindheit

Die Welt der Margarete Steiff

mitteldeutscher verlag

Für Sabine und Roberta

Bibliografische Information der Deutschen Nationalbibliothek
Die Deutsche Nationalbibliothek registriert diese Publikation in der Deutschen Nationalbibliografie; detaillierte bibliografische Daten im Internet unter http://d-nb.de.

Umschlagabbildung:
Jugendbild von Margarete Steiff (Margarete Steiff GmbH, Giengen)

Gesamtherstellung Mitteldeutscher Verlag, Halle (Saale)

ISBN 978-3-89812-634-2

Printed in the EU

Inhalt

Vorwort ... 7

Einleitung
Auf der Suche nach der Kindheit ... 11
Eine »vergessene« Geschichte ... 14

I. 1830–1860: Jahre der Kindheit
Die alte und die neue Zeit ... 19
Eine Geburt in unruhigen Zeiten ... 22
»Tragt mich auf die Gasse!« ... 31
Alltagswelt und Kinderspiel ... 36
Keine Zeit für Heimweh ... 43
Die Sommer in der »Herrenhilfe« ... 49
Schule – »Das war mir gar nicht leid« ... 62

II. 1860–1880: Jahre der Arbeit
»Nur arbeiten und wieder arbeiten« ... 71
Von der Nähschule zum Putzgeschäft ... 76
Die Gründung der »Woll-Filz-Manufaktur« ... 89
Fünf Hochzeiten und ein Geburtstagsfest ... 93
Von der Nähstube zum »Filzkonfektionsgeschäft« ... 101
Am Anfang war der Elefant ... 105

III. 1880–1909: Jahre des Erfolgs
»... und dann und wann ein Elefant« ... 109
Das »Jungfrauenaquarium« ... 127

Ein Bär wird beweglich 131
Der Bär ist los! 135
Margarete Steiffs Vermächtnis 149

Chronologie 161

Danksagung 167

Bibliographie 171

Quellenverzeichnis 172

Bildnachweis 175

Bildanhang 177

Vorwort

Was geschieht, wenn man ein Leben »neu« erzählt?

Zur Wirkungsgeschichte des »Tors zur Kindheit«

»Das Tor zur Kindheit – Die Welt der Margarete Steiff« ist erstmals 1997 zum 150. Geburtstag der bedeutenden Spielwarenfabrikantin und Gründerin der Firma Steiff herausgegeben worden, nun erscheint es aus Anlaß ihres 100. Todestages in einer neu durchgesehenen, leicht veränderten Form. Schon beim ersten Erscheinen war es ganz bewußt nicht auf Lokalkolorit angelegt, es sollte auch nicht als bloße Jubiläumsschrift einer unreflektierten Heldenverehrung dienen. Vielmehr sollte es eine erste kritische, historisch korrekte Auseinandersetzung mit dem Leben Margarete Steiffs sein, ein Buch nicht nur für die Fachwelt geschrieben, sondern lesbar auch für ein breiteres Publikum.

Die erste Auflage ist längst vergriffen und noch immer ist diese Biographie ein Standardwerk für jeden, der sich intensiver mit der Lebensgeschichte Margarete Steiffs beschäftigen will. Seit seinem Erscheinen hat deshalb dieses Buch mit seiner nicht nur auf die Spielwaren bezogenen Perspektive die Art und Weise der Auseinandersetzung mit dem Lebensweg Margarete Steiffs entscheidend verändert, sondern auch die Darstellung dieses Lebens in seiner Gewichtung neu geprägt.

Nur einige Beispiele. Der Jugendroman »Ich gebe, was ich kann« (2007) von Ulrike Halbe-Bauer übernimmt zentrale Elemente aus »Tor zur Kindheit.«

Die Filmbiographie »Margarete Steiff« (2005) über »die Frau, die den Kindern viele Stofftiere schenkte«, geht zwar mit den historischen Tatsachen recht frei um.[1] Die Hauptdarstellerin Heike Makatsch bereitete sich aber mit Hilfe des vorliegenden Buches auf ihre Rolle vor. Auf die Frage: »Regisseur Xaver Schwarzenberger betont, wie unglaublich gut vorbereitet Sie auf den Set gekommen sind. Wie konnten Sie der Figur nahe kommen?«, antwortete Heike Makatsch in einem Interview:

»Es gibt ein Buch, das mich fasziniert hat: ›Das Tor zur Kindheit‹ beschreibt ziemlich gründlich die Aufbruchsstimmung, die in Deutschland zu Beginn des Industriezeitalters herrschte. Und es enthält Auszüge aus Margarete Steiffs Tagebüchern. Sie muss ihren Mitmenschen relativ trocken und hart gegenübergetreten sein. Und sie hat sich nicht der Rolle angepasst, die damals Frauen zugeschrieben wurde. Sie wusste, dass Sie aufgrund ihrer Behinderung für den Heiratsmarkt nicht zur Verfügung stehen konnte.«[2]

Im selben Jahr erschien die Publikation »125 Jahre Steiff Firmengeschichte«, die der Firmengründerin fast die Hälfte ihrer Seiten widmete. Aus Anlaß des 150. Geburtstags war es nur ein biographischer Abriß gewesen. Die aktuelle Chronik folgt in weiten Teilen der Struktur und der Argumentation des vorliegenden Buches, ohne allerdings an irgendeiner Stelle auf die verwendete Quelle zu verweisen, so selbstverständlich wurde die im »Tor zur Kindheit« herausgearbeitete Perspektive auf das Leben der Margarete Steiff über die Jahre zum »Allgemeinwissen« bzw. zur »historischen Wahrheit«.

Vordem wurden Margarete Steiffs Aufzeichnungen meist in knappen Lebensbildern als stimmungsvolles Rührstück »Vom Tellerwäscher zum Millionär« erzählt und zwar in der Variante: »Ein armes behindertes Mädel kämpft sich durch, hat einen Geistesblitz, erfindet das ›Elefäntle‹. Dann verkauft Bruder Fritz einen Sack Elefanten auf dem Weihnachtsmarkt und plötzlich wird das Spieltier zur Weltmarke.« Diese Lesart hat ihre eigene Poesie. Wir alle lieben solche Geschichten. Aber sie war für Werbezwecke gedacht und verdankt sich in weiten Teilen dem damaligen Werbefachmann bei Steiff, Karl Vallendor, der nach den Schrecken des Zweiten Weltkriegs die Bedürfnisse nicht nur des deutschen Publikums nach heiler Welt genau kannte.

Doch für die eigentliche Lebensleistung von Margarete Steiff war das wenig erhellend. Daß Margarete Steiff eher spät in ihrem Leben – sie war bereits Mitte Dreißig – zur »heiligen Margarete der Stofftiere«[3] wurde, ist angesichts der genialen Erfindung des Teddybären durch den Neffen

Richard verständlicherweise selten gewichtet worden. Das Rührende mit dem Niedlichen zu verquicken ist eben einfach zu verlockend. Es ist deshalb wichtig zu wissen und entsprechend zu bewerten, daß neben der stetig wachsenden Spieltierproduktion die Filzkonfektionswaren noch bis 1901 das zweite Standbein der Firma Steiff waren.

Es sind bei Margarete Steiff von Anfang an also weniger die herzergreifenden Glücksfälle, die zum Erfolg führen, als vielmehr das konsequente Ergreifen von neuen wirtschaftlichen und technologischen Möglichkeiten (die erste Nähmaschine, die Verwendung von neuartigen Filzqualitäten für Bekleidung und Accessoires), das Reagieren auf gesellschaftliche Veränderungen, denn der Teddy – die erste »Puppe« auch für Jungen – war nicht nur ein Meilenstein der Spielzeuggeschichte, sondern steht auch als wichtige Wegmarke für die Kulturgeschichte der Kindheit. Denn Kinder werden langsam nicht mehr nur als kleine Erwachsene gesehen, sondern Kindheit und das Kindsein wird vor allem nach der Jahrhundertwende im 20. Jahrhundert als »eigene« Lebensphase mit eigener Lebenswelt und Orten wie z. B. dem Kinderzimmer gerade eben entdeckt. Und mit der Entdeckung der Kindheit, wie wir sie heute kennen, eröffnete sich natürlich auch ein ständig wachsender Markt für die Spieltiere.

Die Lebensgeschichte von Margarete Steiff ist aber zugleich auch eine Familiengeschichte, denn ihr Erfolg basiert wesentlich auch auf der bedingungslosen Unterstützung der zeitlebens an den Rollstuhl gefesselten Frau durch ihre Verwandten. In ihrer Firmenpolitik achtet sie auf die wohlbedachte Besetzung von Schlüsselstellen mit gut ausgebildeten, motivierten Familienmitgliedern und auch der konsequente Ausbau von »guten« Beziehungen im In- und Ausland, z. B. die enge Verbundenheit mit den Gründern der Vereinigten Filzfabriken, damals Weltmarktführer auf dem Filzmarkt, und die enge lebenslange Freundschaft mit Adolph Glatz, dem späteren Direktor der Vereinigten Filzfabriken und Mann ihrer Lieblingscousine Marie, sorgten für eine ausbalancierte Win-Win-Situation der beiden in Giengen ansässigen Unternehmen. Leicht wird allerdings im Geflecht dieser Beziehungen übersehen, daß Margarete Steiff in ihrer Firma bis zu ihrem Lebensende die Fäden in der Hand hielt und auch nach dem Gesellschaftervertrag von 1906 bis zu ihrem Tode in der Geschäftsleitung verblieb. Die erhaltenen historischen

Photografien, die Margarete Steiff nähend in der Produktion zeigen, verfälschen deshalb ein wenig die wahren Verhältnisse. Nach Cieslik schreibt die »Illustrierte Zeitung«: »Zu Gretl Steiff, die in liebevoller Schlichtheit das Stoffspielzeug erfand, trat Richard Steiff, der Neffe, der mit feinem Blick und künstlerischer Schulung in Tantchens Amateurhandwerk eingriff und mit jugendlichem Eifer neue Ziele suchte.«[4]

Margarete Steiff im 2. Obergeschoß der neuen Fabrikhalle. Sie erreicht ihren Arbeitsplatz über eine steile Rampe, die sie für sich anfertigen ließ.

Richard Steiffs Genialität in allen Ehren, doch diese verniedlichende und entlarvende Diskreditierung spricht Bände. Man mochte dieser Frau, dem »Tantchen« im Rollstuhl, einfach nicht zutrauen, daß sie nicht nur nähen und Näharbeiten beaufsichtigen konnte, sondern auch in der Firmenleitung bis zuletzt mitreden wollte und mitzureden hatte. Zwei Meilensteine sind in der Spielzeuggeschichte mit dem Namen Margarete Steiff und ihrer Firma verbunden: das erste weichgestopfte Spielzeugtier überhaupt und die Erfindung des »Teddys«, der ersten »Bärenpuppe« mit beweglichen Armen, durch ihren Neffen Richard. Diese stehen markant in der Biographie einer Frau, die durch ihr Leben selbst einen weiteren Meilenstein gesetzt hat. Dieser dritte Meilenstein aber war es, den ich in diesem Buch in seiner eigentlichen Dimension entdeckt habe: die ungewöhnliche Lebensgeschichte einer benachteiligten Frau, die deutsche Wirtschafts- und Spielwarengeschichte geschrieben hat, eine spannende Lebensgeschichte, die es wert war, ausführlich erzählt zu werden – auch wenn es den Teddy nie gegeben hätte.

Wolfgang Heger, April 2009

Auf der Suche nach der Kindheit

Jeder von uns hat ganz bestimmte Erinnerungen an den Lebensabschnitt Kindheit. Für den einen war es die schönste Zeit seines Lebens, geborgen und verwöhnt im Kreis liebevoller Erwachsener, – für den anderen eine schwere und problematische Epoche der Selbstfindung ohne viele Hilfe und Unterstützung: das Erlebnis der Kindheit als Status der Abhängigkeit und langsamen Befreiung ist der Einstieg ins Leben überhaupt, und darum haften viele Ereignisse so fest im Gedächtnis, weil sie mit dem Siegel: »Zum ersten Mal!« versehen sind.[5]
Für viele Menschen sind die alten Spieltiere aus Filz und Plüsch das Zeichen für Kindheit schlechthin. Zurück in diese Zeit kann man nicht mehr und will es auch nicht, die Verbindung dorthin ist unterbrochen durch die vergangenen Jahre. Und doch – da gibt es ein paar wenige geheimnisvolle Stege: einen alten Brief, den man zufällig in die Finger bekommt, oder eben die alten Spielsachen auf dem Dachboden. Man beginnt zu kramen, und schon steht es wieder offen vor einem, unmittelbar – ganz plötzlich ist es noch einmal da – das Tor zur Kindheit. Vielleicht geht es bloß für Sekunden auf und schließt sich wieder, oft aber wird eine bleibende Leidenschaft daraus, und man sammelt Erinnerungen in dieser konzentrierten, liebenswürdigen Form. Manchmal aber mögen es auch bloße Symbole des Trostes sein, der Wärme, die einem vielleicht in der Kindheit fehlte, oder gar die späte Erfüllung eines Wunsches, der dem Kind versagt geblieben ist.
Ob alt, ob neu, die Spieltiere der Margarete Steiff sind allgegenwärtig, und zwar bei jung und alt. Die Kinder machen ihre ersten Erfah-

rungen mit Tieren wohl eher mit einem »weich gestopften« Plüschexemplar als einem lebendigen Geschöpf. Steifftiere sind überall. Sie schlafen vorzugsweise in Kinderbetten, hausen auf Sofalehnen, werden in Glasvitrinen gehalten, sie haben ein Reservat bei Sammlern und in Spielzeugmuseen. Bilder von ihnen tauchen oft überraschend beim Blättern in alten und neuen Photoalben auf. Man entdeckt sie auf Spielplätzen, findet sie auf Geburtstagen, Festtagen, Jubiläen und natürlich in den Schaufenstern der Spielzeugläden. Milliarden gibt es von dieser Tierart, deren Freunde über den ganzen Globus verbreitet sind.

Auf jeden Fall scheinen die Steifftiere mit der Aura einer besseren Welt versehen zu sein. An »Teddy« und seinen Genossen hängen unzählige Erinnerungen und manchmal sind es so viele, daß die armen Tierchen ganz abgeschabt und lädiert aussehen. Sie kommen schließlich von weither, sie sind kleine Überlebende aus der Vergangenheit. Sie kommen aus der Großelternzeit, der Elternzeit, der eigenen Kinderzeit. Seit mehr als fünf Generationen findet man sie in den Kinderstuben. Sie sind alle durch das Tor der Kindheit gegangen. Die ältesten unter ihnen sind rare Boten aus der »guten alten Zeit«. Dieses Bedürfnis nach Verklärung der Vergangenheit hängt mit der Natur unserer Erinnerung zusammen. Denn: Nostalgie ist der Genuß der Vergangenheit aus der sicheren Gewißheit heraus, daß sie nicht noch einmal erlebt werden muß.

Nostalgie ist ein »ungefährlicher« Genuß im verklärenden Rückblick. Unbeschädigt durch die Zeit gereiste Stücke sind der große Traum der Sammler und manchmal nahezu unbezahlbar. Die Nachfrage nach Nostalgie ist heute so groß geworden, daß die »gute alte Zeit« deshalb nie wirklich vergeht, sondern immer aufs neue in Sonderauflagen beschworen wird. Dann wird die Uhr im Spielzeugland zurückgedreht. Die alten Spielwarenklassiker sind inzwischen so begehrt, daß sie in limitierter Stückzahl als Replica noch einmal aufgelegt werden.

Die Spieltiere aus der Welt der Margarete Steiff sind die Erinnerungsträger jener Sehnsucht, die unsere Erinnerung vervollständigt. Sie bezeugen gelebtes Leben und lassen uns zugleich einen (ver)-klärenden Blick darauf werfen. Sie sind nicht unsere ganze Vergangenheit, aber manchmal scheinen sie geradezu als Teil für das Ganze zu stehen, als

Der Teddybär, ein Kuscheltier aus dem Hause Steiff, ist bei allen Kindern beliebt.

Fetische unseres eigenen Gewordenseins, aufgeladen mit der Offenheit und Hoffnungsfreude des Beginns, und es scheint, als entstammten sie jenem geheimnisvollen Ort der »Utopie« (von griech. utopos = kein Ort), den der Philosoph Ernst Bloch in seinem Buch »Das Prinzip Hoffnung« so bestimmt: »Utopie ist, was uns allen in die Kindheit scheint und worin noch niemand war.«
Die alten Teddys oder andere dieser Spieltiere sind von der Zeit gezeichnet, die unverwechselbare Spuren auf ihnen hinterlassen hat. Auch ein Teddy trägt seine Haut über die Jahre zu Markte. Auch er wird durch die Arbeit der Zeit und durch mehr oder weniger liebe-

volle Kinderhände zum unverwechselbaren Individuum. Der Teddy, ob er ein abgeschabtes Fell hat – »bespielt« heißt das im Fachjargon – oder wie durch ein Wunder vom Zahn der Zeit verschont geblieben ist, hat einen unerreichten Vorteil vor allen lebendigen Wesen. Dem Teddy fehlt die Dimension des Schmerzes. Und er hat unbegrenztes Verständnis – für alles. Unbegrenztes Verständnis, das erlebt kein Erwachsener, und das erleben auch Kinder nicht. Der Teddy verkörpert Werte wie Trost, Wärme, Zeitlosigkeit, kurz: er steht für den Traum dessen, was es eigentlich nicht geben kann, den Traum vom unversehrten Kinderleben.

Eine unversehrte Kindheit aber hat auch Apollonia Margarete Steiff, die »Schöpferin« dieser Tierwelt, nie erlebt.

Eine »vergessene« Geschichte

Denn dieses scheint die Hauptaufgabe der Biographie zu sein, den Menschen in seinen Zeitverhältnissen darzustellen und zu zeigen, inwiefern ihm das Ganze widerstrebt, inwiefern es ihn begünstigt, wie er sich eine Welt- und Menschenansicht daraus gebildet und wie er sie (...) wieder nach außen abspiegelt.

Johann Wolfgang von Goethe,
»Dichtung und Wahrheit«

Erinnern ist immer eine merkwürdige Form von Nachdenken, ein Zugleich von Fakten und von Mutmaßungen, ein Rekonstruktionsversuch, der die vergangene Zeit auch mit den Erfahrungen der Gegenwart verbindet. Die Geschichte von Frauen wird im Gegensatz zum Leben von bedeutenden Männern gerne der Vergessenheit überantwortet. Ähnlich verhält es sich mit der Geschichte von behinderten Menschen. Sie finden häufig keine Berücksichtigung in der »offiziellen« Geschichtsschreibung. In der Lebensgeschichte von Margarete Steiff verbinden sich diese beiden Bereiche: Sie ist eine erfolgreiche und zugleich körperbehinderte Frau.

Es ist wichtig, das Leben von Margarete Steiff nicht nur auf seine Bedeutung als Vorbild zu reduzieren, als Platzhalter von positiv besetzten bürgerlichen Werten wie Durchhaltevermögen und Optimismus oder als Beleg dafür, daß doch jeder Mensch, also auch die begabte Frau – trotz ihrer Behinderung – mit etwas Anstrengung und fröhlicher Unbekümmertheit alles im Leben erreichen könne. Trotz ihres Erfolgs bleibt das Leben der Margarete Steiff über weite Strecken eine für jene Zeit typische Frauenbiographie, allerdings eine mit einer überraschenden Wende: Aus der einfachen Näherin wird am Ende eine Firmenchefin und die Begründerin einer Weltmarke!

Dieser gewaltige Sprung wird oft nicht genügend berücksichtigt, wenn von Margarete Steiff die Rede ist. Ihr Leben ist ein markantes Beispiel dafür, daß damals auch einige wenige Frauen in von Männern beherrschten Bereichen erfolgreich vertreten waren. Wie ist es dazu gekommen, daß sie sich als Frau in der Gründerzeit, also in der zweiten Hälfte des letzten Jahrhunderts, in der klassischen Männerdomäne schlechthin durchsetzen konnte: dem Wirtschaftsleben?

Margarete Steiffs »Filz-Spielwaren-Fabrik« ist aus einer für die damalige Zeit typischen Frauentätigkeit heraus entstanden. Ihre Berufsbezeichnung wäre wohl »Näherin« geblieben. Auch die ersten Filzspieltiere sind eher nebenbei entstanden und waren zunächst keine Verkaufsartikel, sondern nette Geschenke für Freunde und Verwandte. Offensichtlich war aber für diese »Spielereien« bald ein Markt vorhanden, denn wenig später konnte die Nachfrage kaum befriedigt werden. Das Spielwarengeschäft expandierte zunehmend. Und die Kreationen der Margarete Steiff sind heute als Ikonen der Plüschtiere in die Spielwarengeschichte eingegangen.

Wenn von Margarete Steiff die Rede ist, dann erfolgt dies fast ausschließlich im Zusammenhang mit der Spielzeugwelt der Steifftiere. Das Leben von Margarete Steiff ist jedoch nicht nur aus spielwarenhistorischen Gründen von Interesse, sondern es spiegelt zugleich ein ungewöhnliches Frauenleben in der zweiten Hälfte des 19. Jahrhunderts wider. Es muß vor dem Hintergrund der damaligen Lebensverhältnisse in Deutschland und den Lebensperspektiven der Menschen in dieser Zeit betrachtet werden. Ein Blick darauf verdeutlicht, inwieweit Margarete Steiffs Leben mit dem traditionell vermittelten Frauenbild der Gründerzeit übereinstimmte, aber auch, wo und warum es vom üblichen Frauenleben abgewichen ist.

Hart ist das Alltagsleben im damaligen Württemberg, auf der schwäbischen Ostalb unweit von Ulm, zu sehr von mühevoller Arbeit geprägt, und zu gering waren die Lebenschancen von unverheirateten Frauen, von den Chancen behinderter Menschen ganz zu schweigen. Das Leben der Margarete Steiff darf nicht im Rückblick verklärt werden. Denn bisweilen muß auch ihr das Leben schwer geworden sein, trotz ihrer

Margarete Steiff – weiblich, behindert und sehr erfolgreich!

enormen Willenskraft. Der Weg, den sie zu gehen hatte, war lang und steinig. Apollonia Margarete Steiff ist ganz gewiß nicht, wie Hermann Schreiber in der Zeitschrift »Geo« ironisch anmerkt, die »heilige Margarete der Stofftiere« gewesen.[6] Man darf nicht vergessen, daß Spielwaren erst in der zweiten Hälfte ihres Lebens die Hauptrolle zu spielen begannen. Und auch von ihrem größten Welterfolg, dem Teddybären, laut Schreiber eine »Ikone der Industriegesellschaft«,[7] war Margarete Steiff anfangs nur mäßig begeistert. Richard Steiff mußte seine Tante erst von den Qualitäten dieses seltsamen Meister Petz überzeugen. Von der »Teddymutter« Margarete kann also keine Rede sein.

In ihrer ersten Lebenshälfte versucht Margarete Steiff zunächst, überhaupt ein Auskommen zu finden. Sie ringt um ein menschenwürdiges Dasein in einer Gesellschaft, die – damals wie heute – vom Dogma des »Funktionierens« bestimmt ist. Für behinderte Menschen, also diejenigen, die anscheinend nicht optimal funktionieren (können), gibt es darin eigentlich keinen rechten Platz. Genau diese Zweigeteiltheit ihres Lebens, die so oft übersehen wird, gilt es aufzuhellen.

I. 1830–1860: Jahre der Kindheit

Die alte und die neue Zeit

Giengen an der Brenz, am Rande der schwäbischen Ostalb im deutschen Südwesten, ist der Schauplatz der Geschichte von Margarete Steiff. Diese beginnt eigentlich schon lange vor ihrer Geburt. Wenn man ihr Leben verstehen will, muß berücksichtigt werden, wie sehr der Zerfall der althergebrachten ständischen Ordnung zu Beginn des 19. Jahrhunderts das Leben der Menschen beeinflußte. Während die Industrialisierung in England und Frankreich bereits in vollem Gange war, versuchte man in Württemberg gerademal, die neue Zeit zu begreifen.
Fehlentscheidungen rächten sich in dieser kargen Landschaft bitter. Man hatte gelernt, mit dem Existenzminimum auszukommen und war es gewohnt, das Dasein ohne große Reserven gerade so zu fristen. Deshalb war man unerprobten Neuerungen gegenüber zunächst skeptisch. Die Chancen, die in der Veränderung der Lebens- und Wirtschaftsgewohnheiten lagen, mußten von den Menschen erst begriffen werden. Die Industrialisierung veränderte nach und nach die gesamte Gesellschaft im Königreich Württemberg, und zwar auf politischer, wirtschaftlicher und sozialer Ebene.
Jahrhundertelang war der Alltag noch von der alten ständischen Ordnung geprägt gewesen. Die ehemalige Reichsstadt Giengen ist ein Städtchen, in dem vor allem die alte Leinwandindustrie mit Flachsverarbeitung und Leinwandweberei blühte, die ca. 40 Prozent der Gewerbetreibenden umfaßte und damit eine der wichtigsten Erwerbsquellen darstellte.[8] Ihre Produkte waren nicht mehr konkurrenzfähig mit den maschinell hergestellten Baumwollprodukten. Aber auch die anderen

noch traditionell arbeitenden Handwerksbetriebe konnten mit den billigeren Massenprodukten aus der Fabrikindustrie nicht mehr mithalten. Welchen unmittelbaren Vorteil konnten die Menschen in den Verbesserungen der Transportmittel und Verkehrswege für sich sehen? Die Eisenbahn bedeutete für den kleinen Fuhrmann zunächst einmal keine Reiseerleichterung, sondern die mögliche Arbeitslosigkeit. Das Wort von der Rückständigkeit der Älpler kommt rasch über die Lippen. Aber was hatten kleine Leute, deren Leben seit Generationen trotz ihrer großen Armut wenigstens in geregelten Bahnen verlaufen war, vom Anschluß ihrer bäuerlich geprägten Gebiete an überregionale und internationale Märkte? Die Oberamtsbeschreibung aus dem Jahr 1844 notiert über die Giengener Bevölkerung:

Die Einwohner sind tüchtige, rüstige Leute, die sich aus den Zeiten ihres reichsstädtischen Bürgertums manche rühmlichen Eigenschaften, große Anhänglichkeit an Haus und Heimat, Pietät gegen das erprobte Alte, muntere und unbefangene Geselligkeit bewahrt haben, bei aller Ökonomie und Erwerbstätigkeit ihren Ehrenpfennig nicht sparen und gegen Hilfsbedürftige sich freigiebig beweisen. Für ihre Schulanstalten zeigen sie großes Interesse.[9]

Die Trennung von Arbeitsplatz und Wohnung, die Auflösung des »ganzen Hauses«, in dem alle

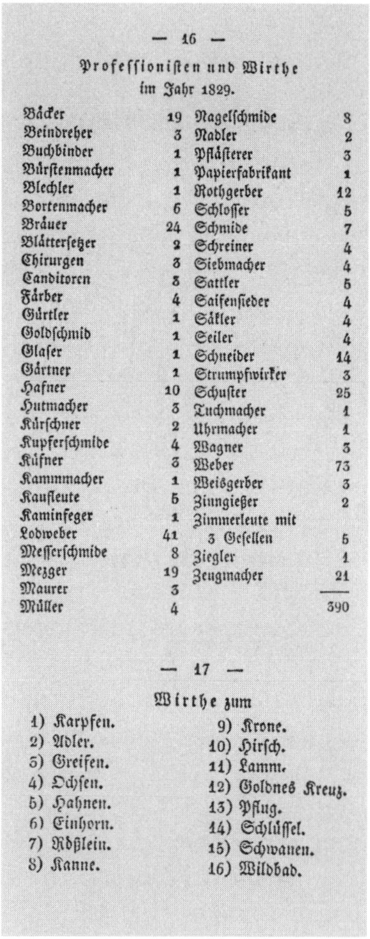

— 16 —

Professionisten und Wirthe im Jahr 1829.

Bäcker	19	Nagelschmide	8
Beindreher	3	Nadler	2
Buchbinder	1	Pflästerer	3
Bürstenmacher	1	Papierfabrikant	1
Blechler	1	Rothgerber	12
Bortenmacher	6	Schlosser	5
Bräuer	24	Schmide	7
Blättersetzer	2	Schreiner	4
Chirurgen	3	Siebmacher	4
Canditoren	3	Sattler	5
Färber	4	Saifensieder	4
Gürtler	1	Säkler	4
Goldschmid	1	Seiler	4
Glaser	1	Schneider	14
Gärtner	1	Strumpfwirker	3
Hafner	10	Schuster	25
Hutmacher	3	Tuchmacher	1
Kürschner	2	Uhrmacher	1
Kupferschmide	4	Wagner	3
Küfner	3	Weber	73
Kammmacher	1	Weisgerber	3
Kaufleute	5	Zinngießer	2
Kaminfeger	1	Zimmerleute mit 3 Gesellen	5
Lodweber	41	Ziegler	1
Messerschmide	8	Zeugmacher	21
Mezger	19		
Maurer	3		
Müller	4		390

— 17 —

Wirthe zum

1) Karpfen.
2) Adler.
3) Greifen.
4) Ochsen.
5) Hahnen.
6) Einhorn.
7) Rößlein.
8) Kanne.
9) Krone.
10) Hirsch.
11) Lamm.
12) Goldnes Kreuz.
13) Pflug.
14) Schlüssel.
15) Schwanen.
16) Wildbad.

Im Jahre 1829 boten in Giengen 390 Handwerksbetriebe und 16 Wirte ihre Dienste an.

Familienmitglieder, manchmal samt Dienstboten unter einem Dach lebten, war zu dieser Zeit noch nicht in vollem Maße vollzogen. Erst mit der neuen Gewerbeordnung von 1828 wurde das Ende der Zünfte in Giengen endgültig besiegelt. Doch die alte ständische Ordnung der Reichsstadt hielt sich zäh, auch über die formale Auflösung hinaus, und prägte noch lange das soziale und emotionale Verhalten der Giengener Bürger. Die späte Auflösung der Zünfte zeigt deutlich, daß in Giengen zur Zeit des wirtschaftlichen Umbruchs zunächst noch die Welt von Gestern regierte.

Warum sollten die Menschen in Giengen auch von der altbewährten Ordnung lassen? Im großen und ganzen kam man zurecht, es wurde für jeden, auch für die bedürftigen Menschen gesorgt. Noch im Jahr 1844 werden »die ökonomischen Verhältnisse der Bürger« als »im Ganzen gut« bezeichnet. Neben einer »ansehnlichen Zahl sehr vermöglicher Leute« soll es »nur wenige Arme und keine eigentlichen Bettler« gegeben haben. Jedoch wurden an arme Familien wöchentliche »Almosen an Geld und Brod ausgetheilt, welche jährlich eine Summe von mehr als 2000 Gulden ausmachen (...)« Nach einer Notiz von 1847 bezogen 99 Personen die wöchentlichen Almosen. Obwohl es in Giengen wirtschaftlich nicht so dramatisch wie in anderen Gegenden aussah, wanderten »in diesem und den folgenden 9 Jahren etwa 60 Personen, teils mit Frau und Kindern, nach USA aus«.[10]

Das Spitaltor in Giengen ist um 1866 schon abgebrochen. Weitere Teile der Stadtbefestigung fallen Zug um Zug. »Die Luft in den engen Mauern sei nicht gut und der Gesundheit der Bürger wenig zuträglich.«

1847 zählt Giengen rund 2 100 Einwohner. Verhungern mußte dort also niemand, doch wirtschaftlich ging es bald ums Überleben. Bereits in den dreißiger Jahren des 19. Jahrhunderts war beinahe die Hälfte der Giengener Gewerbebetriebe nicht mehr konkurrenzfähig.

Die Zünfte lösten sich allmählich auf. Von den am Ende der Reichsstadtzeit 1802 (und damit dem Anschluß an das Königreich Württemberg, W.H.) bestehenden 7 Zünften, nämlich Brau- und Bauernzunft, Bäcker-, Gerber-, Krämer-, Metzger-, Schmiede- und Weberzunft, denen alle übrigen Handwerker sinngemäß angeschlossen waren, bestanden nur noch die Zunft der verzweifelt um ihre Existenz kämpfenden Weber und die ›Cramer‹-Zunft bis 1862.[11]

Eine Geburt in unruhigen Zeiten

Die alte Zeit war vorbeigegangen, die neue Zeit noch gar nicht so richtig in der ehemaligen Reichsstadt angekommen, als am 6. November des Jahres 1838 Maria Margarete Hähnle mit dem Maurermeister Johann Georg Wulz die Ehe eingeht. Maria Margarete ist die Tochter eines alteingesessenen Giengener Gastwirtsehepaars, Bartholomäus und Anna Maria Hähnle, die das Gasthaus »Zur Kanne« in der Marktstraße betreiben. Doch die Ehe von Maria Margarete Hähnle und Johann Georg Wulz steht unter keinem glücklichen Stern. Das frischgebackene Ehepaar durchlebt eine schwere Zeit, seine beiden Söhne sterben noch im ersten Lebensjahr.

Mit seinen Gesellen bessert Maurermeister Johann Georg Wulz den

Der aus Oggenhausen stammende Vater des Maurermeisters Johann Georg Wulz war Giengener Bürger und hatte einen festen Sitzplatz in der Stadtkirche, den er mit einem Namensschild aus Zinn kennzeichnete.

Dachboden der Stadtkirche aus. Einer dieser Gesellen ist der junge Friedrich Steiff. Der Zimmermannssohn ist aus Geislingen an der Steige zugewandert und möchte in Giengen Fuß fassen. Er arbeitet schon einige Zeit mit Meister Wulz zusammen, und man ist zufrieden mit dem jungen Mann.

Bei Arbeiten in der Stadtkirche wurde (...) ein Brett mit den Unterschriften von Johann Georg Wulz, Friedrich Steiff und anderen gefunden, das wohl anlässlich von Renovierungsabeiten in den Dachboden gelangte. Das darf als Beweis für eine längere Arbeitszeit des Friedrich Steiff bei Maurermeister Wulz gewertet werden. Das Brett liegt heute wieder an seiner angestammten Stelle im Dachboden der Stadtkirche.[12]

Friedrich Steiff stammt aus einer Zimmermannsfamilie und kommt aus Geislingen an der Steige.

Gerade die Gesellen der Handwerksmeister sind in dieser Zeit der politischen Unruhen und weitreichender wirtschaftlicher Umwälzungen eine besonders betroffene gesellschaftliche Gruppe. Gesellen wie Friedrich Steiff hatten es schon im Zunftwesen gewiß nicht immer leicht. Die strengen Zunftgesetze schützten ihre Meister vor der Konkurrenz durch den Nachwuchs.

In der alten Korporation ließ man sie nicht hochkommen, damit sie den Alten nicht das Brot wegnahmen, und die Zunftbestimmungen boten genug Handhaben, um einen begabten Gesellen niederzuhalten.[13]

In der neuen, freien Wirtschaftsweise war die soziale Stellung der Gesellen noch stärker bedroht, denn in der Industrie waren sie meist nur

noch einfache Arbeiter. Trotzdem lag für viele Gesellen der Ausweg in diesen wirtschaftlich schlechten Zeiten in der Fabrik.
Durch den Zwiespalt, in keiner der Wirtschaftsformen so recht zu Hause zu sein, »wurden die Gesellen das unruhige Element der Gesellschaft. Sie waren sozusagen nirgends beheimatet.«[14]
Friedrich Steiff ist einer jener Gesellen, die vor diesen Problemen stehen. Er ist begabt, leistet gute Arbeit. Aber er hat nur wenig Kapital. Die Zeiten sind schlecht, und er muß sehen, wo er bleibt. Er versucht trotz aller Schwierigkeiten, im Rahmen der traditionellen Arbeitsweise ein Auskommen zu finden, und er kommt ganz gut zurecht.

Giengen im Frühjahr 1841. Der Handwerksmeister Johann Georg Wulz und Maria Margarete sind nun schon drei Jahre miteinander verheiratet. Man lebt, man arbeitet und man hofft, daß es besser wird. Ein Tag wie jeder andere scheint dieser 16. Mai zu sein, an dem Johann Georg Wulz wie jeden Morgen die Ledergasse verläßt und zur Arbeit geht. Heute geht es um Dacharbeiten an der Kannenbrauerei seines Schwiegervaters Bartholomäus Hähnle. Doch der Tag nimmt kein gutes Ende. Anfangs ist alles wie gewöhnlich, und auf einmal hört man aufgeregte Stimmen. Irgend etwas ist geschehen. Man ruft schon von der Ledergasse aus nach Maria Margarete Wulz. Das hat nichts Gutes zu bedeuten. Eine schlimme Nachricht wird ihr überbracht. Ihr Mann sei bei der Arbeit vom Dach gestürzt. Ja, vom Dach gefallen, tödlich verunglückt ist er. Johann Georg Wulz ist tot, gestorben an den Folgen dieses Sturzes. Als man ihn zu Grabe trägt, ist Maria Margarete 26 Jahre alt, und Witwe. Allein kann sie das Baugeschäft ihres verstorbenen Mannes nicht weiterführen.

Beim Tod eines Handwerksmeisters blieb die Lizenz des Geschäfts bei der Witwe. Das war wohl eine aus der mittelalterlichen Zunftordnung heraus entstandene Art der Witwenversorgung. Aus diesem Grund wurden die Witwen der Handwerksmeister zu begehrten Heiratskanditatinnen. Ein jeder der Gesellen versuchte die Meisterin für sich zu gewinnen, um selbst Meister werden zu können. Dabei spielten Altersunterschiede und Kinder aus Vorehen keine Rolle. Wichtig war vor allen Dingen die Witwe mit der Konzession des Handwerksbetriebs.[15]

Über die Trauerzeit der Witwe führt Friedrich Steiff zunächst kommissarisch das Baugeschäft des verstorbenen Maurermeisters weiter. Eine dauerhafte Lösung ist das jedoch nicht. Friedrich Steiff erfüllt diese Aufgabe mit Sachverstand, und er macht auf die junge Witwe Maria Margarete Wulz einen besonders guten Eindruck. Die beiden denken schließlich an eine Heirat.

Um aber als Bauwerkmeister in der Stadt tätig sein zu können, benötigt Friedrich Steiff das Bürgerrecht der Stadt. In einem Gemeinderatsprotokoll vom 4. Februar 1843 heißt es:

Friedrich Steiff, Werkführer bei der Maurer Wulz'schen Witwe und Bräutigam derselben, bittet um Aufnahme in hiesiges Bürgerrecht unter Vorlegung der erforderlichen Dokumente, nach welchen er gut prädiziert ist und ein Vermögen von 500 Gulden besitzt.

Margaretes Elternhaus in der Ledergasse

Es ergeht der Beschluß: »Bei den obwaltenden günstigen Verhältnissen den Steiff in hiesiges Bürgerrecht aufzunehmen.«[16]

Zwei Jahre nach dem tödlichen Unfall am 9. Mai 1843 heiratet deshalb Maria Margarete, geb. Hähnle, verwitwete Wulz, ein zweites Mal, und sie gibt dem ehemaligen Gesellen ihres verstorbenen Ehemannes, Friedrich Steiff, ihr Jawort.

Das Haus in der Ledergasse, das Maria Margarete von Johann Georg Wulz geerbt hat, geht mit der Heirat in den Besitz von Friedrich Steiff über.

Friedrich Steiff erhält mit der Heirat das aktive Bürgerrecht und wird damit in Giengen offiziell als Bürger der Stadt und als Bauwerkmeister aufgenommen.[17]

Der Klingelmüller Johann Jakob Hähnle nimmt am 18. Mai 1847 die jüngste Schwester von Margaretes Mutter, Apollonia Hähnle, zur dritten Frau.

Nachdem die beiden Kinder aus Maria Margaretes erster Ehe noch im Kindbett verstorben sind, ist das frischvermählte Ehepaar Steiff etwas in Sorge, als Maria schwanger wird. Doch diesmal geht alles gut. Im Februar 1844 wird Marie, das erste Kind der Familie Steiff, geboren. Im November 1845 folgt Pauline, die zweite Tochter der Steiffs. Friedrich Steiff hat alle Hände voll zu tun. Der Lebensunterhalt für eine vierköpfige Familie muß verdient werden. Maria Margarete, seine Ehefrau, kann auch nicht wie sonst mitarbeiten, sie muß sich schonen, denn es ist wieder Nachwuchs unterwegs. Am 24. Juli 1847 bringt sie ihr drittes Kind zur Welt. Es ist ein gesundes Mädchen, das den Namen Apollonia Margarete Steiff bekommt.

Apollonia, so heißt das Kind zu Ehren von Marias Schwester. Doch das Mädchen wird nie so gerufen werden, alle nennen sie nur Margarete oder liebevoll »Gretle«. Apollonia Hähnle übernimmt gern die Patenschaft für das dritte Töchterchen ihrer Schwester. Die Geburt der kleinen Margarete Steiff ist aber nicht der einzige freudige Anlaß in der Familie, denn die Patin, »Tante« Apollonia, hat sich kaum zwei Monate zuvor mit dem wohlhabenden Müller Johann Jakob Hähnle verheiratet.

Als es in Giengen um die »Revolution« geht, ist Margarete gerademal acht Monate alt und beginnt, langsam ihre Umgebung zu erkunden. Im

Verein mit Margarete halten die beiden älteren Schwestern, die vierjährige Marie und die dreijährige Pauline, ihre Eltern ordentlich in Atem. Während Margarete noch in den Windeln liegt, freut sich Familie Steiff schon auf den nächsten Nachkommen.

Im fernen Frankfurt debattiert im selben Jahr die Nationalversammlung in der Paulskirche. Es geht um die Gestaltung einer demokratischen Verfassung und die mögliche Form eines geeinten Deutschlands. Doch nicht nur in Frankfurt, auch im kleinen Giengen sorgt die bürgerliche Revolution von 1848 für heiße Köpfe. Überall in den Gaststuben der Stadt wird heftig diskutiert. Die Stimmung ist durchaus explosiv im »Ländle«. Nur: wer eigentlich der Feind ist, und wo er sich befindet, läßt sich in der Verwirrung nicht immer genau ausmachen. Täglich kursieren neue Gerüchte. Eine Stimmung zwischen Panik und Euphorie.

Auch in Giengen ist die Gerüchteküche am Brodeln. Friedrich Steiff bringt von der Arbeit jeden Tag neue und manchmal besorgniserregende Nachrichten mit – was man sich bei der Arbeit eben so erzählt. In Giengen wird allerdings nicht nur geredet, sondern auch gehandelt. Man will auf alles vorbereitet sein.

Am 23. März bat das Stadtschultheißenamt in Giengen, das Oberamt Heidenheim, »die Bürgerschaft mit Waffen zu versehen, um im Falle drohender Unruhen Ruhe und Ordnung aufrechterhalten zu können. (...) Die Gründung der Bürgerwehr fiel aufs Frühjahr. (...) Höchstkommandierender war Spitalvater Mailänder, ein ältlicher Herr, der beim Marschieren knappte und wegen fehlender Schneidigkeit verlacht wurde. Adjutant war Collaborator Carl Sixt, ein beleibtes Herrchen, aber voll Kampflust. Auf dem Schießberg hielt man Schießübungen. An einem Samstag wurde im Einhorn ein Abmarsch nach (dem benachbarten, W. H.) Heidenheim beschlossen; aber zur festgesetzten Stunde am Sonntagmorgen erschien nicht ein Mann auf dem Sammelplatz.«[18]

Im Haus in der Ledergasse erzählt man sich die tollsten Sachen. Muß man etwa schon ums Leben der Kinder fürchten? Marie, Pauline und die kleine Margarete – sind sie wirklich in Gefahr? Die schwangere Maria Margarete bekommt es langsam mit der Angst zu tun. Ein Gerücht, das von plündernden Franzosen raunt und von Offenburg ausgeht, überzieht nach und nach ganz Südwestdeutschland mit einer aberwitzigen Welle der Hysterie.

Scharen von bewaffneten Bürgern zogen nach Westen, um die Grenze zu schützen. Frauen und Kinder flüchteten in die Wälder und vergruben ihr Silber (...) Flüchtlinge kamen an und erzählten mit todernster Stimme: Bei uns ist Krieg.[19]

Die Woge der »Franzosenangst« erreicht schließlich auch Giengen:

Die Bauern wurden aufgefordert, gegen den Erbfeind zu ziehen, in Ermangelung von Gewehren und Säbeln mit Gabeln und Sensen. Am Franzosenfeiertag, den 25. März 1848, war auch Giengen, wie seltsamerweise das ganze Land, in großer Angst. Unsere Magd Rosine weinte bittere Tränen, denn sie glaubte an eine allgemeine Brandschatzung.[20]

Doch merkwürdigerweise läßt sich kein Plünderer im Städtchen blikken. Alles bleibt ruhig, und man beginnt sich zu wundern.

Erst im Lauf des 26. März, als noch immer kein Feuerschein aus den Städten der Rheinebene vom Kamm des Schwarzwaldes zu sehen war und die Hiobsreiter spärlicher wurden und schließlich ausblieben, da legte sich allmählich der blinde Lärm und machte einer allgemeinen Beschämung Platz.[21]

Auch in Giengen atmet man wieder auf. Das Leben ordnet sich allmählich, und man wendet sich wieder, wie gewöhnlich, dem Tagwerk zu. Glücklicherweise verläuft die Schwangerschaft von Maria Margarete trotz dieser belastenden Ereignisse ohne Komplikationen. Auch die kleine Margarete entwickelt sich prächtig.
Als im Dezember 1848 dann Friedrich, das jüngste der Steiff-Kinder, auf die Welt kommt, ist alles in bester Ordnung. Doch kurz nach der Geburt des kleinen Friedrich wird Margarete, die jüngste Tochter, plötzlich krank, es treten merkwürdige Lähmungserscheinungen auf. In ihren Lebenserinnerungen, die Margarete Steiff um 1908 verfaßt, heißt es dazu nüchtern:

Mit 1 ½ Jahren wurde ich von einer Krankheit befallen, nach welcher ich nicht mehr gehen konnte, der linke Fuss war vollständig, der rechte teilweise gelähmt, auch der rechte Arm war sehr geschwächt.

Margarete hat Kinderlähmung. Heute genügt zur Vorbeugung eine einfache Schluckimpfung, ein Stück Zucker beträufelt mit der Impfsubstanz, damals gab es gegen die heimtückische Krankheit noch kein wirksames Gegenmittel. Die kleine Margarete ist jedoch mit Ausnahme der gelähmten Gliedmaßen glücklicherweise außerordentlich robust:

Im übrigen war und blieb ich von da an stets gesund, hatte auch wenig unter den üblichen Kinderkrankheiten zu leiden. Es wurde natürlich kein Mittel unversucht gelassen, und ich kann mich erinnern, dass meine Mutter öfters mit mir bei auswärtigen Ärzten war.

Daß Kinder krank wurden und häufig auch starben, war nichts Ungewöhnliches. Oft war deshalb die emotionale Bindung der Eltern an die Säuglinge in den ersten Lebensmonaten nicht sehr groß. Man mußte immer mit dem Schlimmsten rechnen, denn die Kindersterblichkeit war in jenen Zeiten noch außerordentlich hoch. In manchen Jahren starb die Hälfte der Neugeborenen während ihres ersten Lebensjahres. Noch 1874 vermeldet die Statistik: 136 Geburten und 107 Todesfälle (42 Erwachsene und 65 Kinder).
Margaretes Schwesterchen Elisabeth, das am 24. Juli 1854, auf den Tag genau sieben Jahre später als Margarete, auf die Welt kommt, stirbt kaum vierzehn Tage nach seiner Geburt.
Auch die Großeltern von Margarete haben zusammen 16 Kinder, von denen die Hälfte bald nach der Geburt gestorben ist. Margaretes Eltern dagegen haben nur noch fünf Kinder, und verlieren nur eines von ihnen. An der Zahl der Geburten, die in dieser Zeit von Generation zu Generation ständig sinkt, zeigt sich zugleich der langsame Übergang von der Groß- zur Kleinfamilie. Die heute übliche enge Fixierung auf eine Kleinfamilie, also auf Eltern und ihre Kinder, das »Verblassen der weiten Verwandtschaftskreise«[22], hatte gerade erst begonnen und war in den meisten Familien eher die Ausnahme als die Regel.
In der Familie Steiff ist die alte Hausgemeinschaft der Großfamilie noch intakt. Zeit für die Kinder der Familie Steiff haben hauptsächlich die Großeltern, der ehemalige »Kannenwirt« Bartholomäus Hähnle und seine Frau Anna Maria. Bartholomäus und Anna Maria Hähnle, zu dieser Zeit um die Sechzig, sind alteingesessene Gien-

gener Bürger, die einer generationenübergreifenden Dynastie von Zinngießern, Müllern und Gastwirten entstammen. Die ehemaligen Wirtsleute des Gasthauses »Zur Kanne« in der Marktstraße von Giengen – das noch heute existiert – unterstützen ihre Tochter Maria Margarete, wo es nur geht, und sie sind die Hauptbezugspersonen ihrer Enkelin Margarete. Die Eltern ihres Vaters hat das Mädchen nicht mehr kennengelernt.

Um 1850 beginnt man die Marktstraße in Giengen zu modernisieren: »1849–1850 Anfang der Straßenbeleuchtung: fünf Lampen; vier in der Marktstraße.«[23] In Giengen wandelt man des Abends im Vorschein der Moderne, doch in der Frage der Verfassung ist im Mai 1849 in Württemberg immer noch nichts entschieden. Hier am Ort steht man den liberalen Ideen aufgeschlossen gegenüber. Der Bürgerverein fordert sogar vom Königlichen Gesamtministerium in einem Schreiben vom 18. Mai 1849, daß die von der Frankfurter Nationalversammlung beschlossene Reichsverfassung durchgesetzt werden solle. Plötzlich hört man, daß in Baden und der Pfalz bereits die Republik ausgerufen worden sei. Die Parlamentarier in Frankfurt fassen nun zunehmend radikalere Beschlüsse. Die Regierungen von Preußen, Sachsen und Hannover rufen deshalb ihre Abgeordneten zurück. Das verbliebene »Rumpfparlament« zieht um nach Stuttgart und ruft zur Bildung von Freicorps auf, die den Volksaufstand in der Pfalz und in Baden unterstützen sollen. Auch in Giengen ergeht am 13. Juni 1849 ein solcher Aufruf an die Bevölkerung. Der württembergischen Regierung, die auf vorsichtige Reformen gesetzt hat und taktiert, wird die Entwicklung zu radikal, schließlich löst sie die Nationalversammlung in Stuttgart mit Waffengewalt auf. Dann werden württembergische Regierungstruppen nach Baden und in die Pfalz geschickt, um mit ihrer Unterstützung auch dort die bürgerliche Revolutionsbewegung gewaltsam zu beenden. Der bürgerliche Revolutionsversuch wird dadurch niedergeschlagen. In Giengen sympathisiert man mit den verfolgten bürgerlichen Revolutionären und organisiert ein Solidaritätskonzert.

In der »Kanne« veranstaltet man am 9. September 1849 ein Konzert zum Besten der bedrängten Flüchtlinge in der Schweiz aus den badischen und pfälzischen Aufständen.[24]

Der bürgerliche Revolutionsversuch ist gescheitert und die erhoffte Deutsche Einheit bleibt ein Traum. Politisch geht es in Württemberg nun wieder reaktionärer zu, aber wenigstens wirtschaftlich geht es bergauf.
Auch bei den Steiffs sieht es wirtschaftlich nicht schlecht aus. Sorge macht aber die kranke Tochter. Sie fragen überall nach geeigneten Spezialisten, sie konsultieren Arzt um Arzt. Bis nach Ulm führt sie diese unermüdliche Suche. Maria Steiff macht sich mit ihrem kleinen Mädchen auf den langen Weg in die über 30 Kilometer entfernte Stadt. Sie will dort einen Spezialisten aufsuchen. Wie mühselig das Reisen in der Zeit um 1850 gewesen ist, in der man Entfernungen noch nach Stunden gemessen hat, und wie schwer medizinische Spezialisten aufzutreiben waren, kann man sich heutzutage nur noch schlecht vorstellen. Es ist strenger Winter, keine angenehme Reise für Mutter und Tochter. Die Postkutsche braucht von der Poststation in Giengen nach Ulm, für eine Strecke von ca. 36 Kilometern, ungefähr vier Stunden.[25] Neun Jahre später, nach Fertigstellung der Eisenbahn im Jahre 1876, benötigte man für die Fahrt von Giengen nach Ulm fahrplanmäßig je nach Abfahrtszeit des Zuges nur noch ungefähr eineinhalb Stunden.
An die Reise mit der Postkutsche erinnert sich Margarete Steiff:

Einmal fuhren wir über Ulm, mit welcher Gelegenheit kann ich mich nicht mehr erinnern. Post oder Eisenbahn gab's damals noch nicht. Dort angekommen bat meine Mutter einige Kinder, sie sollen mich auf ihren Schlitten nehmen.

Die Kinder schleppen Margarete auf dem Schlitten zum Gasthof »Zur Gans«, und Margarete Steiff erinnert sich noch über fünfzig Jahre später, daß sie damals von ihrer Mutter »eine ganze knusprige Bratwurst bekam und dieser Wurst wegen ist mir diese Reise im Gedächtnis geblieben, denn von dem aufgesuchten Doktor weiss ich nichts mehr«.

»Tragt mich auf die Gasse!«

Die Orte der Kindheit, von denen Margarete berichtet, sind die Stube der Großeltern und ihre »eigene Straße«, die Ledergasse. Es gibt für Margarete keinerlei Möglichkeit sich zurückzuziehen. Sie hat in der Stube keinen Freiraum, lebt gewissermaßen ständig unter den Augen der Mutter und kann sich nicht wie ihre Geschwister ungehindert bewegen. Die Wohnstube ist beinahe so etwas wie ein öffentlicher Raum. Es gibt dort keine Privatsphäre. Die dauernde Nähe zu Erwachsenen bedeutet für Margarete Steiff zugleich immer auch ein Leben unter Aufsicht. Diese Situation ist für die damalige Zeit typisch, denn »in den Familien des Mittelstandes gab es selten eigene Kinderzimmer, doch wohl zumindest ein eigenes Bett für jedes Kind. Das war eine große Neuheit dieses Jahrhunderts – zumindest für die Bürgerkinder.«[26]

Kinderzimmer und kindgerechtes Spielzeug gab es für Margarete Steiff nicht. Das förderte ein frühreifes Verhalten und brachte eine sehr frühe Einsicht in die Spielregeln mit sich, die die Welt der Erwachsenen bestimmten. Die kleine Margarete ist deshalb, obwohl sie nicht gehen kann, ein ausgesprochenes Gassenkind. »Stadtluft macht frei!« – so lautet ein altbekannter Spruch aus der reichsstädtischen Zeit.
Man beginnt gerade erst, den gesunden Aufenthalt an der frischen Luft zu entdecken.

Noch eine andere Neuerung brachte das 19. Jahrhundert für die Städte mit der Zunahme besseren Straßenpflasters und veränderten Vorstellungen von Gesundheit und frischer Luft: den Kinderwagen. Hatte man zu Anfang des Jahrhunderts höchstens die größeren Babys, ehe sie laufen lernten, in kleinen Holz- oder Korbwägelchen hinter sich hergezogen, meist ein Vergnügen der älteren Geschwister, so blieben die Kleinen zu Hause in der Wiege. Wohl kamen bei den besseren Leuten Stubenwagen auf, aber das Herumfahren kleinster Kinder in der frischen Luft war wiederum eine Erfindung der sportlichen Engländer.[27]

Für Margarete aber ist diese englische Erfindung gar nichts Neues. Sie ist eine exzessive Frischluftanhängerin.

Ich war viel bei meinen Grosseltern, denn immer auf der Gasse bleiben, konnte ich doch nicht, obwohl mir das der liebste Aufenthalt war. Alle Hausgenossen bettelte ich an: Tragt mich auf die Gasse, wenn ich auch manchmal fast erfror.

Bloß nicht in der Stube hocken! Selbst wenn es draußen bitterkalt ist, sieht man die Kleine auf der Gasse in ihrem Wägelchen hocken. Eisblumen an den Fensterscheiben, der Schornstein raucht, drinnen ist es warm und gemütlich, und diese Margarete sitzt eisern draußen auf der Straße.

Mutterseelenallein irgendwo in einer Kammer herumsitzen, das will Margarete gleich gar nicht, sich in der Stube zu verkriechen und Trübsal zu blasen, dafür ist sie viel zu lebhaft, zu interessiert. Wenn sie alleine draußen vor der Tür sitzt, hört sie das sanfte Plätschern der Brenz, die um diese Zeit nicht nur wie heute an der Stadt vorbei, sondern auch durch die Ledergasse fließt.

Auf der Nordseite der Ledergasse stehen die Handwerkerhäuser dicht an der Brenz und sind nur über Brücken zu erreichen.

Auf einem Kuhgespann, wie dem hier abgebildeten, läßt der alte Jesaias die gelähmte Margarete mitfahren.

Die Wasserkraft der Brenz ist für die Handwerksbetriebe der Stadt unersetzlich. Das in der Ledergasse ansässige Gewerbe, die Metzger, die Schuhmacher, die Gerber und die Müller benötigen viel Wasser für ihre Arbeit. Auf der Gasse ist deshalb immer etwas los. In das Rauschen der Brenz mischt sich der Lärm der arbeitenden Menschen. Hin und wieder zieht ein Pferdefuhrwerk durch die enge Gasse. Margarete nimmt an allem Anteil, beobachtet alles aufmerksam und will überall mit dabeisein. Und sie findet immer jemanden, der ihr dies möglich macht. Sie verfügt offenbar über einen gewinnenden Charme – oder über außerordentliche Überredungskünste! Von ihrem Elternhaus in der Ledergasse 26 ist es nicht weit bis zu ihren Lieblingsnachbarn. Die Edelmanns wohnen in der Ledergasse 28. Der alte Schuhmacher Jesaias Edelmann kann den Steiffkindern keinen einzigen Wunsch abschlagen. Einmal dürfen Pauline, Marie, Friedrich und sogar Margarete auf dem Fuhrwerk mit ihm zum Mähen fahren. Für Margarete sind solche »großen« Ausflüge immer ein Ereignis. Dieser Ausflug aber bleibt ihr auf ewig im Gedächtnis. Jesaias Edelmann beginnt gemächlich, die Wiese zu mähen, und Margarete sieht ihm bei der Arbeit zu.

Solange er mähte, wurde ich an den Rain gesetzt und bekam einige Blumen zum Spielen, während die anderen dem Nachbarn halfen oder herumtollten. Bei der Heimfahrt setzte er uns alle auf die Kleen. Damals war das Brenz-

Die Ledergasse von Westen mit dem Wasserrad der Schleifermühle. Im östlichen Bereich dieser Straße betreibt der Werkmeister Friedrich Steiff sein Baugeschäft.

ufer in der Ledergasse noch sehr schlecht. Der Nachbar mußte einem anderen Fuhrwerk ausweichen, kam zu nahe ans Ufer, und der Wagen mit den vier Kindern stürzte um und ins Wasser. Meine Schwester Pauline wurde von den Kleen ganz verschüttet. Da aber viele Leute zur Stelle waren, hatte man uns bald herausgefischt. Meine Mutter war gerade mit einer Wäsche beschäftigt, sie hörte einen ungewöhnlichen Lärm und als sie herauseilte brachte man ihr vier nasse Kinder.

Kein Gedanke, daß die »Gret« bei diesem Unfall womöglich hätte ertrinken können; ungerührt hält Margarete Steiff ihre genauen Beobachtungen und ihre eigenwillig trotzige Haltung zum »Ins-Wasser-Fallen« fest:

Ich kann mir noch denken, daß meine Schürze über meinem Gesicht war und habe das Nelkendessin gesehen, das in schwarzem Grund war. Als man mich fragte, was ich denn getan hätte, wenn man mich nicht herausgezogen hätte, antwortete ich, ich wäre zu meiner Basdote (Tante Apollonia Hähnle, WH) in die Klingenmühle geschwommen. Einer Angst oder eines Schreckens kann ich mich nicht erinnern. Einen großen Nachteil brachte uns das unfreiwillige Bad, wir durften lange Zeit nicht mehr mit ins Feld fahren.

Aus ist's also für eine Weile mit den Abenteuern. Bei Margarete Steiff findet sich früh eine ausgeprägte Unternehmungslust und ihr starker Willen, geboren vielleicht sogar aus einem gewissen Trotz gegen ihre Gehbehinderung. Irgendwie will sie einfach kein »armes Kind« sein. Es ist ein »Trotzdem«, ein »Jetzt erst recht«, das sie dazu bringt, stets bis an ihre Grenzen zu gehen.

Alltagswelt und Kinderspiel

Es gibt Dinge in Margaretes Leben wie: Bratwurst, Kaffee mit Dunkerle, Holunderküchlein, Metzelsuppe.
Schwäbische Küchenerinnerungen. Ein gutes Essen vergißt man auf der kargen Schwäbischen Alb nicht so schnell. Das Leben im Hause Steiff ist bescheiden zu jener Zeit, man freut sich in Giengen selbst über ganz einfache Genüsse. Und noch mehr freuen sich die Kinder, wenn sie echte Leckereien ergattern können. Wo man es duldet, bei den Großeltern, bei den Nachbarn, immer sind sie auf der Jagd nach den begehrten Lekkerbissen. Verwöhnt werden sie vor allem im Nachbarhaus, von dem Schuhmacherehepaar Edelmann, das sie besonders ins Herz geschlossen hat. Hier wird den Kindern erlaubt, was zu Hause bei der genügsamen und strengen Mutter verboten ist – Naschen an all den guten Sachen.

Beim alten Esis (Jesaias Edelmann, W.H.) war's am allerschönsten. Wenn man zu Hause Gemüse oder Haberbrei hatte, dann bekam man sicher beim Schuhmacher ein Butterbrot zum Nachtisch, denn die obigen Speisen hatten wir gar nicht gerne. Auch gab es dort Schnitz und Hutzeln, Rührmilch und andere gute Sachen. Obgleich der alte Nachbar sehr knauserig war gegen seine Eigenen, so durfte doch seine Frau uns alles zuschieben. Als die lieben, alten Schuhmachersleute gestorben waren, kam der Sohn auf das Haus, und es setzte sich die Freundschaft fort.

Aber auch der Kaffee von Großvater Bartholomäus weckt die Begehrlichkeiten der Kinder.

Und wie gut war Grossvaters Kaffee! Er hatte eine breite Schüssel mit Handgriffen, da stellte er ringsum Dunkerle, die er von seiner Nudel abgeschnitten hatte, die waren halt so gut. (…) Ich konnte natürlich nicht begreifen, daß die liebe Tante Ursche nicht gerne sah, wenn wir die Dunkerle alle wegassen. Was wussten wir Kinder davon, wie sauer es der Tante wurde, für die Grosseltern das Nötigste zu beschaffen, da musste sehr gespart werden.

Wie sollte Ursula Hähnle, genannt »Tante Ursche«, die elf Jahre jüngere, ledige Schwester von Margaretes Mutter, den hungrigen Kleinen auch begreiflich machen, daß nicht nur die Kinder, sondern auch die Großeltern ausreichend versorgt werden müssen. Aber die Großeltern können ihren Enkeln nichts abschlagen, da hilft Tante Ursches Stirnrunzeln wenig.

Margarete hängt ihrer Großmutter an den Lippen, wenn die ihre Geschichten erzählt. Wenn die Großmutter Anna Maria der kleinen Margarete und ihren Geschwistern Geschichten erzählt, kann sie die Hände

»Schäfer, wo sind deine Schauf?« Auf der kargen Schwäbischen Alb ist die Schafzucht weit verbreitet.

nicht einfach in den Schoß legen, immer muß ihr dabei irgendeine Arbeit von der Hand gehen. Die Großmutter »beschäftigte sich stets mit Stricken; sie hat viele feine Aussteuerstrümpfe gestrickt mit prächtigen Namen. Daneben erzählte sie von ihrer Jugend.«
Manchmal kommt dann der Großvater herein und unterbricht die Erzählung. Denn auf dem Bruckersberg sind mal wieder Schafe zu sehen. Margarete ist dann jedesmal sehr begeistert:

Mein Grossvater holte mich oft in seine hintere Stube, wenn auf dem Berg Schafe zu sehen waren. Da rief ich dann aus Leibeskräften zum Fenster hinaus: »Schäfer, wo sind deine Schauf, s'hinter lauft em vordera nauch.«

Wer weiß, was der Schäfer auf Margaretes freundliche Anfrage geantwortet hat? Wenn er sie über die Entfernung überhaupt hören konnte, ist er ihr wahrscheinlich nicht böse gewesen, daß ihm des Bartholomäus' Enkelchen schon in so jungen Jahren – typisch schwäbisch – ein Versäumnis seiner Aufsichtspflicht vorwirft.
Müßiggang ist ein Fremdwort für die Erwachsenen, aber auch schon die kleinen Kinder haben ihre Verpflichtungen. Margarete muß oft die kleinen Kinder hüten, wenn deren Eltern keine Zeit haben. Margaretes Rollstuhl, ihr »Wägelchen«, dient zugleich als Kinderwagen, und dort muß immer Platz sein für die kleinen Kinder der Nachbarschaft. Das ist nicht schlimm. Die Kleinen sind für Margarete eine Form der »Unterhaltung«, und draußen auf der Straße lockt schließlich – trotz Kinderhüten – das Abenteuer.

Dort sind die geichaltrigen Kinder und nicht immer nur Erwachsene. Da kann man auch mal spielen, da wird nicht nur gearbeitet.
Bei den Spielen im Freien, draußen auf der Gasse, gelten für die Kinder der Ledergasse andere Regeln als unter der Aufsicht der strengen Eltern. Da ist es nicht ungewöhnlich, daß die Eltern hören, wie ihre Margarete draußen vor der Haustür von ihrem Wägelchen aus den Ton angibt. Laufen kann sie ja nicht, wilde Bewegungsspiele, wie sie die anderen Kinder machen, sind für Margarete natürlich unmöglich. Sie muß stillsitzen, wo andere herumtollen und laufen können. Das muß manchmal bitter gewesen sein. Beweglich ist vor allem ihr »Kopf«.

Dort herrscht unbegrenzte Bewegungsfreiheit, und deshalb erfindet niemand so gut Spiele wie sie, niemand erzählt so spannende Geschichten und keiner kann die Spielkameraden so sehr begeistern wie das Mädchen in ihrem Wägelchen. Kein Wunder, daß sie die Spielleiterin macht. Ein kleines Wunder aber ist es schon, daß alle das einfach so akzeptieren. Im Spiel zeigt Margarete ihrer Umwelt viel von sich selbst. Friedrich Fröbel, Pädagoge und Erfinder des »Kindergartens«, notiert über das Spiel:

Es öffnet euch das Innerste eurer Kinder, lehrt euch so sie kennen, was von der Außenwelt sie am meisten, warum und in welcher Gestalt es sie am stärksten anzieht. Das Spiel lehrt euch so kennen, wie euer Kind die Außenwelt in sich aufnimmt, dieselbe fortbildet und in die Entwicklung seines Inneren eingreifen läßt; (…) denn hinter des Kindes Spiel ruht des Lebens Ernst.[28]

Es heißt nicht umsonst: »Not macht erfinderisch.« Und der Mittelpunkt der Kindergruppe ist Margarete gerade aus diesem Grund. Es ist nicht allein ihr starker Charakter, sondern viel geschieht aus der Not des behinderten Kindes heraus, das einfach mit dabeisein will. Margarete Steiff hält fest:

Im Frühling war's dann so schön auf Schreiner Kölz oder Gerber Böckh's Hausstaffeln oder in meinem Wägelchen. Da sammelten sich alle Kinder um mich, und ich ordnete Spiele an, wo ich der Mittelpunkt war, z.B. »Herr, wo soll ich Tinte holen«, »Sie so fahren«, Farben erraten usw. Aber sehr oft kam es auch vor, daß alle davon sprangen, dann unterhielt ich mich mit den ganz Kleinen, die meiner Obhut anvertraut waren. Ich hatte immer Platz für zwei oder drei in meinem Wägelchen, und die Frau Nachbarin war froh, wenn ich die Kinder hütete.

Das Kinderhüten entlastet die kleine Margarete von anderen ungeliebten Verpflichtungen. Sie berichtet:

Es war für mich auch deshalb ein wichtiges Amt, musste ich doch nicht in der Zeit häkeln, denn gewöhnlich war meine Aufgabe, so und so viel fertigzubringen.

Die Gerberei Böckh und das Haus des Schreinermeisters Kölz stehen in der Ledergasse auf der Sonnenseite. Hier hält sich die kleine Margarete besonders gerne auf.

Spiel und Arbeit wechseln sich also schon in der Kindheit ab. Nur wenn Margarete andere Kinder beaufsichtigt, d.h. eine Arbeit gegen die andere tauscht, entgeht sie dem ungeliebten Häkeln. Margarete haßt das Häkeln, und sie tut es nicht zum Vergnügen. Das Kind hat ein bestimmtes Soll zu erbringen, das regelmäßig nachgemessen wird, jeden Tag hat sie »so und so viel fertigzubringen«. Außerdem macht der geschwächte rechte Arm das Häkeln zur Qual. Keine Freude für das Mädchen, wohl aber eine große Herausforderung für ihren Willen. Die Handarbeiten werden als Geschenke für Verwandte und Bekannte angefertigt, aber auch für den Zuerwerb.
Dies war keine Ausnahme, sondern auch in den besseren Ständen weitverbreitet.

Überall stickte und strickte man (...) womit sich selbst Damen der mittleren Stände ein kleines Taschengeld für ihre Nebenausgaben verdienten.[29]

Für die Schwestern Steiff heißt das Arbeit von Kindesbeinen an: Arbeit selbst dort, wo sie als Spiel erscheint.

Es galt die Kunst der Haushaltung und der Kinderpflege zu erlernen, und schon den kleinen Mädchen wurden bestimmte Pflichten übertragen (...) Frühzeitiges Gewöhnen an gewisse Zwänge ließ den Gedanken an Auflehnung oftmals gar nicht erst aufkommen, und ständig geübte Selbstkontrolle durch Zurückstellen und Verleugnen der eigenen Bedürfnisse trug zur Verinnerlichung des erwarteten Verhaltens bei.[30]

Margarete, ein rebellischer Geist mit eigenem Kopf, nimmt die herrschenden Zwänge nicht einfach widerspruchslos hin. Sie gibt ihr Bestes und wird ermahnt. Daraufhin duldet sie nicht brav, sondern sie begehrt auf und verweigert – undenkbar für ein folgsames Mädchen – die Arbeit. Aber Folgsamkeit ist auch im Hause Steiff gefragt, und die Mutter bleibt hart.

Einmal noch zur Schulzeit war meine Mutter gar nicht mit meiner Arbeit zufrieden und ich hatte doch so fleissig gehäkelt. Da rührte ich zwei Tage keine Arbeit mehr an, sagend, wenn das nicht genug ist, schaff' ich gar nichts mehr. Das hörte natürlich bald auf, denn die Mutter wurde schon fertig mit uns.

Zwei Tage hält sie die Auflehnung durch, und das ist für ein Kind, das in hohem Maße von der Hilfe anderer abhängig ist, schon eine lange Zeit. Doch dann gibt sie schweren Herzens nach. Es ist aber nun keineswegs so, als ob Mutter Maria Margarete Steiffs Erziehungsprogramm und ihre Strenge eine Ausnahme gewesen wären. Die »Aufgaben«, wie Kinderhüten, Näharbeiten erledigen, Staubwischen und Kaffeekochen, spiegeln den rigorosen und dogmatisch pädagogischen Geist der Zeit. So fordert Karl von Raumer beispielsweise in seinem 1866 erschienen Buch »Die Erziehung der Mädchen«:

Eine bestimmte Tagesordnung ist ihnen zur gewissenhaften Befolgung vorzuschreiben; und dennoch müßen sie von Kindheit auf daran gewöhnt werden, in jedem Augenblick, wenn es nötig ist (...) aufzustehen, um etwa einem kleinen Kinde zu helfen, oder sonst den Aelteren etwas zu besorgen.[31]

Den Zwängen dieser Erziehung kann Margarete Steiff nur schwer entkommen. Denn sie wird von Freunden oder den Geschwistern nicht überallhin mitgenommen. Immer muß sie umständlich transportiert und betreut werden. Margarete überredet manchmal ihre strenge Mutter dazu, deren Schwester Apollonia in der Klingelmühle oder andere ihrer vielen Verwandten zu besuchen. Das geht aber nur, wenn die Arbeit ruht – das bedeutet am »geheiligten« Sonntag.

An den Sonntagen, wenn die Schwestern mit ihren Freundinnen fortgingen und mich nicht mitnehmen konnten, da bettelte ich fort und fort an der Mutter, bis sie mit mir zur Bas Seifensieder oder zur Basdot ging.

Während ihre Schwestern und der kleine Fritz schon eigene Wege gehen, sitzt Margarete also die ganze Zeit bei ihren Verwandten. Die Klingelmühle, die heute noch in Giengen steht, ist nicht einmal 300 Meter vom Haus der Steiffs in der Ledergasse entfernt. Für Margarete ist sie ohne fremde Hilfe unerreichbar. Eine kleine Weltreise ist es jedesmal bis zur Tante. Immer muß Margarete jemanden bitten, daß er sie zur Mühle bringt. Denn da ist sie besonders gerne zu Besuch. Dort lebt Margaretes Patentante.
Der wohlhabende Müller Johann Jakob Hähnle hat die 24 Jahre jüngere Apollonia, eine Tochter seines Cousins Bartholomäus Hähnle, in dritter Ehe geheiratet, und die kümmert sich um dessen acht Kinder aus zweiter Ehe. Dabei versorgt sie zusätzlich ihre eigene Tochter, die kleine Anna Maria, die 1851 geboren ist. Margarete ist vier Jahre älter als ihre Cousine Anna Maria, die von allen nur Marie genannt wird. Die beiden Mädchen verstehen sich gut miteinander, und ihre Freundschaft hat Bestand. Die Mühle ist für Margarete wie eine zweite Heimat:

Besonders in der Mühle konnte man so schön spielen auf den breiten Simsen. Da war ein Geduldsspiel, das man niemals zusammenbrachte und andere Herrlichkeiten. Im Frühjahr durfte man den Hasen holen und im Winter gab's Metzelsuppe. Letztere hätte ich mir gerne gefallen lassen, wenn nur nicht abends eine Suppe gekommen wäre mit ganz unklarer Wurstbrühe; wahrscheinlich hatte ich dazu keinen Hunger mehr.

In der Mühle lebt zu dieser Zeit auch der Stiefsohn von Tante Apollonia, Hans Hähnle, der über die vielfältigen verwandtschaftlichen Beziehungen zugleich (Stief-)Cousin und Großcousin von Margarete Steiff ist.

Zu der Zeit, als Margarete die Mühle häufig besucht und dort begeistert spielt, ist Hans Hähnle gerade vierzehn Jahre alt und hat die Lateinschule abgeschlossen. Auch auf ihn wartet die Welt der Arbeit. Er beginnt eine Färberlehre bei einem Giengener Tuchmacher.

Keine Zeit für Heimweh

Margarete Steiffs Eltern hoffen immer noch, daß die lahmen Beine ihrer achtjährigen Tochter geheilt werden können. Sie sorgen sich um die Zukunft ihrer Tochter. Wie soll das alles weitergehen? Wie soll sich das Kind – ein »Krüppel« – später einmal versorgen? Wenn Besuch von Tante Apollonia da ist, werden endlos die Möglichkeiten gewälzt, was man denn noch unternehmen könnte, um Margarete zu helfen. Wieder einmal kursieren Ärzteadressen. In Ludwigsburg, so hat man gehört, soll es eine Kinderheilanstalt geben und seit kurzem auch eine Einrichtung in Wildbad, die gliederkranke Kinder zur Kur aufnimmt. Von dem Doktor August Hermann Werner hat man die reinsten Wunderdinge gehört. Man würde ja sehen. Und bis dahin – hoffen. Vielleicht könnte dieser Arzt der Margarete doch noch helfen? Man durfte nicht aufgeben, mußte immer wieder neue Hoffnung schöpfen. Bloß – wer sollte den teuren Aufenthalt von Margarete bezahlen?
Tante Apollonia Hähnle fragt ihren Mann, den Klingelmüller Johann Jakob, um Rat. Der Klingelmüller sitzt zu dieser Zeit im Stadtrat und kennt sich in der »Verwaltung« der Stadt aus. Giengen hat eine vorbildliche Stiftungspflege. Vielleicht übernimmt der Stiftungsrat einen Teil der Behandlungskosten. Die Sache ist einen Versuch wert. Die Familie stellt ein Aufnahmegesuch an die Kinderheilanstalt zu Ludwigsburg und erhält eine Zusage, zunächst für einen Aufenthalt von sechs Wochen. Daraufhin wird beim Stiftungsrat ein Antrag auf Unterstützung gestellt. Dem wird entsprochen und der Stiftungsrat beschließt im Frühjahr 1856 die Kosten zu übernehmen. Margarete fährt also nach Ludwigsburg.
Vielleicht war sie anfangs ein bißchen erschrocken und hat auch geweint. So früh schon »in die Fremde«. Die Neunjährige muß tapfer sein. Nach Ludwigsburg. So weit weg von daheim, von den Eltern, den Geschwistern und den Freunden! Dann aber überlegt sie: »Das Gretle

kommt bis nach Ludwigsburg!« So weit ist noch keines der anderen Kinder gekommen, selbst mancher Erwachsene noch nicht. Margarete hat gar keine Zeit, über Heimweh nachzudenken oder was dort aus ihr werden wird. Erst einmal genießt sie ausgiebig die Bewunderung, die die Spielkameraden ihrem »Gretle« entgegenbringen. Margarete hat nach Ludwigsburg mitzubringen:

Gute und warme, womöglich doppelte Kleidung mit genügendem Weißzeug (Bettwäsche, W.H.) dazu einen neuen Schwamm und einen neuen Kamm, oder statt dieser Stücke zusammen 36 Kreuzer baar; ferner: einen Tauf-, Impf- und Heimatschein, womöglich auch ein ärztliches Zeugniß über den bisherigen Verlauf und die muthmaßlichen Ursachen der Krankheit, sowie die bisher angewandten Mittel.[32]

Wer war der Mann, auf den die Familie Steiff nun ihre ganze Hoffnung setzt?
August Hermann Werner, am 21. Juni 1808 in Stuttgart geboren, will zunächst Theologe werden, dann studiert er aber Medizin. 1832 eröffnet er die erste Arztpraxis in Neckarsulm.
Dr. Werner sammelt dort erste Erfahrungen mit kranken, hilfsbedürftigen Kindern. Als er von Neckarsulm nach Ludwigsburg umzieht, findet er Anschluß an pietistische Kreise. Er heiratet Karoline Gmelin aus der bekannten württembergischen Pfarrersfamilie. Bald haben sie Kinder. Zunächst arbeitet Werner als Anstaltsarzt im Mathildenstift, einem der württembergischen Rettungshäuser, ab 1838 im Zucht- und Arbeitshaus Ludwigsburg.

Dr. August Hermann Werner, 1808–1882, ist ein bekannter Kinderarzt, dem die Familie Steiff ihre gelähmte Margarete zur Behandlung anvertraut.

Durch diese Festanstellung sichert August Hermann Werner die Familie finanziell über die Jahre ab. Die Kinderheilanstalt gründet er 1841, unterstützt von gleichgesinnten Freunden. Bis zur Eröffnung seines Kinderkrankenheims gab es für Kinder kaum geeignete Aufnahmemöglichkeiten.

Maria Riehm, geborene Werner, eine Tochter von August Hermann Werner, beschreibt, wie ihr Vater nach einer geeigneten Unterkunft für »seine« Kinder sucht.

So kam er in einige Häuser, wurde aber gleich im ersten mit den Worten abgewiesen: »Was sagen sie? Kranke Kinder soll ich in meine Wohnung aufnehmen? Nimmermehr!«, und ähnlich lautete die Antwort in noch einigen Häusern.[33]

Werner sucht unermüdlich nach einer dauerhaften Lösung für sein Problem. In der Spitalstraße in Ludwigsburg wird er fündig:

(...) und als das Haus unter den Hammer kam, fiel es ihm für 3050 Gulden zu, eine Summe, welche ihm gute Freunde zu niedrigem Zinsfuß borgten. Dies ist das Kinderheilanstaltsgebäude, das jetzt noch steht.[34]

Im Mai 1856 geht Maria Margarete Steiff mit ihrer Tochter Margarete auf die Reise. Werkmeister Friedrich Steiff muß arbeiten und solange auf die anderen Geschwister achten. Mutter Steiff bricht mit ihrer Tochter mitten in der Nacht von Giengen auf.

Da ging es morgens um 2 Uhr mit dem (Pferde-, W.H.) Omnibus ab über Söhnstetten, Böhmenkirch nach Süssen (Das war ungefähr die halbe Strecke nach Stuttgart, W.H.) woselbst unser nächster Eisenbahnanschluß war.

Gegen Mittag wollen sie in Ludwigsburg sein. Heute benötigt man für die Strecke mit dem Auto oder der Eisenbahn etwa zwei Stunden. Für Margarete ist die Fahrt nach dem fernen Ludwigsburg ein großes Abenteuer. Und wie so oft sind es die kleinen Dinge, auf die es ankommt. Nichts wird später erzählt werden von der beeindruckenden ersten Fahrt der Neunjährigen mit dem mysteriösen, noch nie gesehenen

»Dampfroß«. Nur einen winzigen Augenblick, gleich zu Beginn ihrer Reise, ist Margarete unaufmerksam, und schon ist ihr kostbarster Besitz, ihr ganzer Stolz, plötzlich verschwunden. Für die kleine Reisende ein empfindlicher Schlag, ein unersetzlicher Verlust:

In Söhnstetten, wo man haltmachte, habe ich meine neue Haarschleife liegenlassen; sie hatte 12 Kreuzer gekostet und war von Mesner's Lotte gemacht. Solchen Staat habe ich nie wieder bekommen.

Als Margarete in Ludwigsburg ankommt, wird sie ins Haus von Dr. Werner aufgenommen und hat Familienanschluß, denn Margarete erhält bei August Hermann Werner die sogenannte »Familienpflege beim Vorstand des Hauses«.[35] Den »Großbetrieb« der Kinderheilanstalt in Ludwigsburg lernt Margarete Steiff deshalb nur von häufigen Besuchen kennen.

In Ludwigsburg hatte ich das Glück, bei Dr. Werner in die Familie aufgenommen zu werden und war dort ganz daheim, auch liess man mir dort mehr Freiheit als zu Hause. Somit hatte ich keine Spur von Heimweh. Ich war auch öfters in der Kinderheilanstalt zu Besuch.

Die Freiheit, die sie in Giengen in den glücklichen Momenten »draußen« auf der Ledergasse hatte, findet sie in Ludwigsburg »drinnen« in einer Familie. Wo man ihr Freiräume läßt, fühlt sich die Neunjährige zu Hause. Im Haus der Werners geht es immer turbulent zu. Die geduldige Frau Dr. Werner hat alle Hände voll zu tun, um die achtköpfige Kinderschar zu bändigen. Nun kommt auch noch die quirlige Margarete dazu. Maria, die halbwüchsige Tochter der Werners, ist sechs Jahre älter als Margarete Steiff. Sie ist der gute Geist im Hause und achtet sorgsam auf die kleineren Kinder der Familie. Das Familienleben der Werners ist überhaupt liebevoll und harmonisch, wie Maria später in ihren Erinnerungen berichtet:

Im Sommer 1854 war ein Brüderchen, Hermann, angekommen und nun im Februar 1857 kam das Jüngste, das Schwesterchen Karoline zur Welt, welches ich pflegen durfte. Wie treulich half da auch der gute Vater bei der Pflege der

Wernersche Kinderheilanstalt in Ludwigsburg

kleinen Geschwisterlein. Oft trug er die etwas kränkliche Lydia oder den öfters von Unwohlsein geplagten Hermann in der Nacht stundenlang herum, um der geplagten Mutter Ruhe zu verschaffen. Es fiel ihm überhaupt nicht schwer, seine Nachtruhe zu opfern, was seiner Patienten wegen oft geschah.[36]

Diese offen gezeigte Vaterliebe ist für die Männer in dieser Zeit nicht unbedingt selbstverständlich. Trotz der vielen Arbeit nimmt sich Dr. Werner Zeit für seine Kinder:

Wie konnte unser Vater oft so fröhlich mit uns Kindern spielen! (...) Auch als Bär lief er mit uns auf allen Vieren im Zimmer herum, eines oder zwei auf dem Rücken tragend. Mutter hatte ihm einen Schlafrock genäht, den sie selbst mit schwarzem Pelz ausgefüttert hatte; der wurde umgekehrt und über Vater geworfen zu unserem großen Ergötzen.[37]

Im Sommer 1856 lebt die neunjährige Margarete Steiff zusammen mit der Familie Werner im Haus am »Kaffeeberg«. Der typische Morgen der Werners beginnt schon beim Frühstück mit Arbeit:

Jeden Morgen, wenn wir Kinder mit den Eltern am Frühstückstisch saßen, (...) berichtete eine Wärterin unserem Vater, wie es in der Nacht gegangen war, besonders den schwerer Kranken. Meine Eltern wohnten in jener Zeit etwa zehn Minuten entfernt von der Anstalt.[38]

Im Hause der Werners steht sogar ein Klavier, und Margarete lauscht andächtig mit den Werners, wenn die »Fräulein« spielen. Sie liebt die Musik und würde selbst gern ein Instrument spielen lernen. Es muß ja nicht unbedingt Klavier sein.
Dr. Werner, immerhin seit 1856, dem Jahr von Margaretes erstem Ludwigsburger Aufenthalt, »Ritter des Friedrichsordens erster Klasse« und mit dem Titel »Medizinalrat« versehen, scheint auf Förmlichkeiten nicht viel Wert gelegt zu haben. Seine kleinen Patienten – so ist überliefert – beruhigte er, immer in Eile, mit den Worten: »Saget no weiter Herr Doktor zu mir, i kann net so lang warte, bis jeder den ›Herr Medizinalrat‹ rausbrocht hot.«[39] Renommiersucht kann ihm jedenfalls nicht nachgesagt werden. Sein Alltagsgeschäft war ihm wichtiger. Er scheint überdies von einer außergewöhnlichen Sensibilität gewesen zu sein.

Schon in den ersten Jahren nach der Gründung wurde immer deutlicher, daß einer Reihe dieser kranken Kinder doch nur durch eine Operation entscheidend geholfen werden könne. Es ist doch seltsam zu lesen, daß Dr. Werner, dieser energisch zugreifende Mann, es stets abgelehnt hat, auch nur ein einziges von seinen Pflegebefohlenen selbst zu operieren.[40]

Von Werner wird berichtet, »daß er bei den ersten operativen Eingriffen still in der Ecke gesessen und gebetet habe«.[41]
Der Wundarzt Dr. Hubbauer operierte derweil die kleinen Patienten, die unter Chloroformnarkose standen. Hubbauer versucht sein ganzes Können an der kleinen Margarete Steiff. In Margaretes Erinnerungen an ihre Operation allerdings verschmelzen Dr. Werner und Dr. Hubbauer zu einer einzigen Person:

Herr Dr. Werner gab sich viele Mühe mit mir. Er machte an meinem linken Fuss zwei Sehnenschnitte. Durch Gipsverband sollte der Fuss gerade werden, aber da jede Kraft fehlte, so hatte auch das darauffolgende Wildbad gar keine Wirkung.

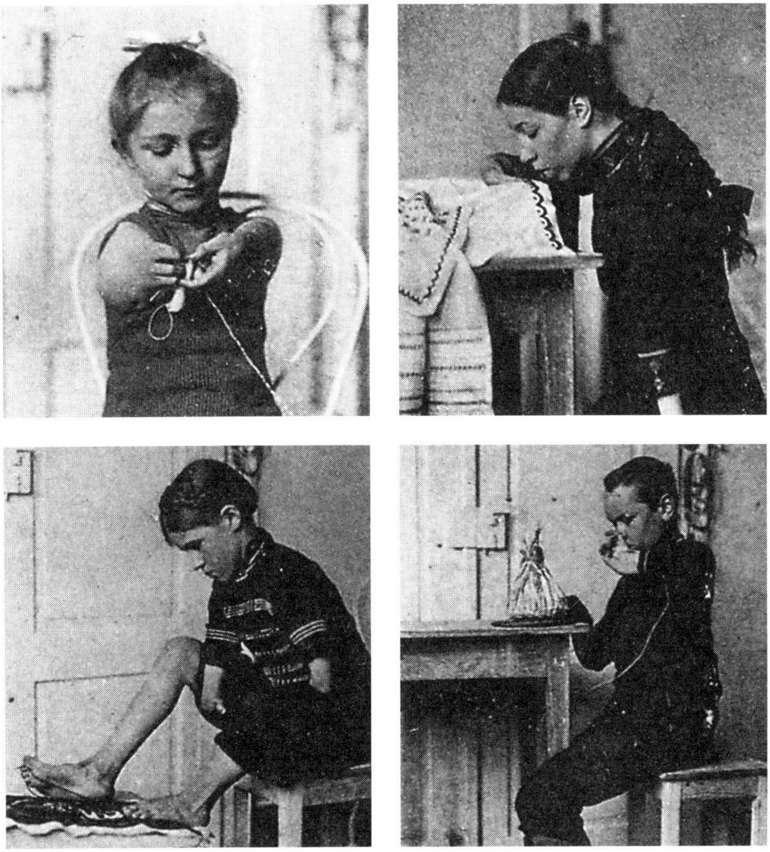

Behinderte Kinder, die im Charlottenstift in Ludwigsburg auf Besserung ihrer Leiden hoffen.

Die Sommer in der »Herrenhilfe«

Wildbad ist im Jahre 1856 ein Kurort von überregionaler Bedeutung. Es wird schon seit dem 14. Jahrhundert als Badeort benutzt. Im 19. Jahrhundert erfolgt ein großer Zustrom an Badegästen, so »daß die Erbauung des Badhauses nothwendig wurde, und in Verbindung mit der Einrichtung grossartiger Hotels die jetzigen Blüthe des Curorts hauptsächlich begründete und möglich machte. Der dreimalige Aufenthalt der Kaise-

rin von Russland in den letzten Jahren hat nicht wenig zur Ausbreitung des Rufs unserer Therme beigetragen.«[42]
In dieses renommierte Bad reist Margarete in diesem Sommer. Dort hatte August Hermann Werner wenige Jahre zuvor eine Filialanstalt, die sogenannte »Herrenhilfe«, gegründet. Die Fahrt von Ludwigsburg in den Schwarzwald erscheint Margarete Steiff wiederum wie eine kleine Weltreise. Wieder muß die Reisegesellschaft mitten in der Nacht aufbrechen.

Von Ludwigsburg nach Wildbad wurde ich mit vielen anderen Kindern, unter Leitung von Frau Dr. Werner per Omnibus befördert. In Vaihingen wurde Frühstück, in Pforzheim Mittagessen verabreicht. Wir waren in der Früh um 2 Uhr abgereist und kamen abends um 5 Uhr in Wildbad an. Während der Fahrt flickte Frau Doktor meine arg zerrissenen Kleider. Man hatte mir bei Werner's das Rutschen nicht so sehr verboten wie zu Hause und somit gingen die Röcke zugrunde. Mutter schickte mir nach Wildbad dann ein Kleid von Klingenmüllers Christine. Das hatte aber so enge Ärmel, die mich schrecklich drückten.

Die Fürsorge, die Frau Dr. Werner den Röcken angedeihen läßt, und Margaretes Beschwerde über das zu enge »Vererbte« zeigen, wie bescheiden die Lebensverhältnisse der Familie Steiff damals gewesen sind. Neue Kleidung gab es selten. Wo es geht, werden Mäntel, Röcke, Jacken, Schuhe von den Geschwistern und den Verwandten »weitervererbt« und für den Nachfolger möglichst »passend gemacht«. Die abgetragenen Kleider der Vorbesitzerinnen sind nicht gerade ihre Lieblingsstücke.
Für die neunjährige Margarete von der »armen« Schwäbischen Alb muß der Aufenthalt im Kurort Wildbad im Schwarzwald, ebensosehr wie in Ludwigsburg, eine Berührung mit der großen weiten Welt gewesen sein. So viel gibt es da zu sehen und zu staunen.
Zu der Zeit, als Margarete Wildbad besucht, halten sich pro Jahr über 2000 Badegäste in dem kleinen Kurort auf. Die Zahl der Badegäste entspricht damit in etwa der damaligen Einwohnerzahl von Margaretes Geburtsstadt Giengen. Man darf sich allerdings nicht vorstellen, daß die Kinder mit den Bürgern oder gar den Nobilitäten gebadet hätten. Damals wie heute waren die Menschen nicht sehr erbaut vom Anblick menschlichen Elends und versuchten es, wo es ging, aus ihrem Gesichtsfeld zu verbannen. Deshalb liegt die »Herrenhilfe« etwas abseits,

»ein freundliches, auf dem linken Ufer der Enz, frei, hoch und sonnig gelegenes Gebäude, von Hofraum, einfachen Gartenanlagen und hinter dem Hause aufsteigender Wiese umgeben, in welchem (...) 25–30 Kinder sammt dem nöthigen Anstalts-Personal bequem beherbergt werden können.«[43]

Die Kinder und die Bedürftigen badeten im »Katharinenstift«, dem Armenbad. Das »Katharinenstift« und die »Herrenhilfe« sind »Wohlthätigkeitsanstalten, welche mit dem Kurort als solchem in näherer Beziehung stehen. Ersteres, ein zum Andenken an die verstorbene Königin Katharine Paulowna von dem König zu Württemberg gegründetes Hospithal dient zur Aufnahme von armen Kranken, welche die Bäder Wildbads nötig haben.«[44]

Immerhin gibt es hier in Wildbad überhaupt einen Platz für diejenigen, die nicht zum erlauchten Kreis der Reichen, Schönen und Berühmten gehören, und »es sei immer ein ergreifender Anblick gewesen, wenn so ein Zug gebrechlicher Kinder, sich gegenseitig stützend, oder in Wägelein geführt, durch die damals noch kleine Stadt daherkam«.[45]

Die Kinder werden gut und reichhaltig verpflegt, manche aus ärmsten Verhältnissen haben gehungert und Mangelerscheinungen und müssen erst einmal richtig aufgepäppelt werden. Dabei weist der Verpflegungs-

Die gehbehinderte Margarete hält sich mehrmals im Haus »Herrenhilfe« in Wildbad zur Kur auf, leider vergebens.

plan aus der Sicht der heutigen Lebensverhältnisse und Ernährungsgewohnheiten manchen recht merkwürdigen Posten auf. Zu Kräften sind die Kinder bei dieser Verpflegung mit Sicherheit gekommen.

Die Kost ist Morgens: Eichelkaffee oder Milch mit Weck, Vormittags: Brod; Mittags: Suppe, Gemüse und Ochsenfleisch; in der Woche einmal, für kleinere Kinder öfters, passende Milchspeisen, auch gekochtes Obst; Abends: Brod und Obst; Nachts: Suppe und Kalbfleisch mit Salat oder auch Pfannenkuchen und Salat, oder Suppe und gestandene Milch.
Jedes Kind, dem geistige Getränke zuträglich und Bedürfniß sind, erhält täglich ¼ Schoppen guten alten Wein oder ½ Schoppen Bier, oder guten Apfelmost. (...) Auf kräftige Zubereitung der Speisen wird jederzeit Bedacht genommen.[46]

Ein normaler Tag in der »Herrenhilfe« beginnt mit Frühstück und Morgenandacht. Die Tochter von August Hermann Werner, Maria Riehm, schildert in ihren Erinnerungen: »Die Morgenandacht (...) beginnt mit gemeinsamen Gesang unter Harmoniumbegleitung. Es folgt ein Kapitel aus dem Neuen Testament.« Bis zum Bad um zehn Uhr haben die Kinder frei und können lesen oder spielen.

Badegebäude in Wildbad im Jahr 1831. Rechts im Hintergrund das Katharinenstift, in dem arme Kinder und mittellose Erwachsene baden.

Nach eingenommenem Zehnuhrbrot geht's ins Bad. (…) Die größeren Knaben haben ihren besonderen Eingang, während die Mädchen und kleinen Knäblein mit den Wärterinnen auf der anderen Seite des Hauses hineingehen. Nachdem das Baden vorüber ist, zieht die ganze Schar wieder zusammen heim, und die Kinder liegen noch ein Stündchen ins Bett, bis das Mittagessen kommt. Nicht selten machten wir abends noch einen Spaziergang mit den Kindern in den nahen Wald. Wie schmeckte dann das Abendessen so gut, wenn die Kinder, beladen mit Tannenzweigen und Erika, aus dem herrlich duftenden Tannenwald zurückgekehrt, sich an den Tisch setzen durften. Dem Nachtessen folgte noch ein kurzer Abendsegen, und nun wurden die Kinder zu Bett gebracht.[47]

In der »Herrenhilfe« erlebt Margarete die ersten großen Ferien ihres Lebens. Es muß für sie manchmal paradiesisch gewesen sein. Sie ist völlig begeistert und beinahe nicht zu bändigen. In Wildbad hat sie alle ihre Sorgen vergessen, hier tollt sie mit anderen Kindern herum. Sie ist heilfroh, daß man sie endlich mal nach Herzenslust spielen und herumtoben läßt. Margarete Steiff gerät noch rückblickend als Sechzigjährige ins Schwärmen:

In der Herrenhilfe in Wildbad war es erst recht schön. Es war damals eine sehr nachsichtige Verwalterin dort, da durfte ich selbständig auf die Bühne und in den Garten rutschen. Wie meine Kleider aussahen, es bekümmerte mich wenig. Dann habe ich mit den anderen Verstecken gespielt.

Das Personal besteht aus einer Vorsteherin, Maria Werner, der fünfzehnjährigen Tochter Dr. Werners, und drei weiteren Wärterinnen.

Zum Bad im Katharinenstift wurden wir durch einige Wärterinnen auf einem mehrsitzigen Wagen gefahren. Das war dann eine Wonne, in einem grossen Raum, den Boden mit einer dicken Sandschicht belegt, das warme Wasser aus dem Boden heraussprudelnd zu baden. Da im Wasser die Bewegungen so leicht sind, so spielten wir »Schneider leih mir deine Scher«, und zwar zum großen Verdruss der Badefrau, denn wir wühlten den Sand zu sehr auf. Am Samstag badeten auch die mit den Wunden mit uns, auch einige alte Weiber waren dabei. Da war es lange nicht so lustig wie sonst. Nachmittags wurden wir in die Anlagen gefahren, wo mir das schöne Farnkraut und die schönen Tannen großen Eindruck machten.

Doch immer nur Baden und Spielen, so bequem ist es Margarete nicht alle Tage gegangen. Schließlich soll sie ja von ihrem Leiden geheilt werden. Und das verlangte Prozeduren, die nicht immer angenehm gewesen sind.

Mehreren Kindern wurden während ihrer Kurzeit auch Krücken, Maschinen oder irgend welche mechanischen Vorrichtungen zur Unterstützung und Uebung der Glieder angeschafft.[48]

Und auch von diesen Apparaturen bleibt Margarete nicht verschont. Mit so einem Ungetüm am Bein nimmt sie zum zweiten Mal in ihrem Leben ein unfreiwilliges Bad.

Einmal fuhren die Wärterinnen etwas zu rasch zum Hof hinaus, wo eine ziemlich tiefe Hülbe mit schmutzigem Wasser war. Der Wagen fiel um und wir 8–10 Kinder stürzten kopfüber ins Wasser. Ich hatte eine (orthopädische, W.H.) Maschine am Fuß und kam recht nach unten, dem Gesetz der Schwere folgend. Da schnelle Hilfe zur Hand war, kamen wir mit dem Schrecken davon. Wir wurden gleich ins Bett gesteckt und bekamen von allen Seiten Leckerbissen und waren einige Tage die wichtigsten Leute in Wildbad.

Margarete Steiff wird von Maria Werner, der Tochter von August Hermann Werner, betreut. Denn Maria bekommt im Sommer 1856 in Wildbad erstmals vier Kinder zur Pflege übertragen. Sie muß mit ihren Pfleglingen in einem gemeinsamen Raum leben. Sie erinnert sich: »Über meinem Bett hing der Spruch: ›Mein Freund ist mein, und ich bin sein.‹ Daran hielt ich mich, wenn es mir zuweilen etwas schwer werden wollte«.[49]
Eine richtige Privatsphäre, einen Rückzugsort zum Erholen aber gibt es auch dort nicht, weder für sie noch für ihre Pfleglinge. Der Dienst und die Betreuung der Kinder gehen rund um die Uhr. Keine leichte Aufgabe für einen heranwachsenden Teenager. Marias Eltern leben weit entfernt in Ludwigsburg; mit Verzweiflung, Mutlosigkeit, Überanstrengung oder Einsamkeit muß sie selber fertig werden. Mit ihrem Vater kann sie über ihre Sorgen kaum ein Wort wechseln. Nur alle vierzehn Tage kommt der »Vorstand« mit dem Pferdeomnibus in die »Herrenhilfe«, und er hat immer ein volles Programm:

Wenn dann allemal der vollgepackte Omnibus nachmittags zwei Uhr ankam, (...) da gab's wieder tüchtig Arbeit für den guten Vater. Mit Doktor Schönleber wurde jedes neu angekommene Kind gründlich untersucht und ebenso die bisher dagewesenen Kinder. (...) und erst in später Stunde legte sich Vater zur Ruhe, um am nächsten Morgen wieder nach Ludwigsburg zurückzukehren.[50]

Doch Maria bemüht sich nicht nur um die körperlichen Gebrechen ihrer Pfleglinge, sie muß auch ein wenig Unterricht erteilen. Margarete sitzt auch mit dabei:

Wir hatten auch Schulunterricht morgens, mittags und abends, schöne Andachten mit Gesang. Die Fräulein, darunter auch Maria Werner, erzählten uns biblische Geschichten, so dass die ganze Zeit sehr lehrreich und eindrucksvoll für mich war. Schon in Ludwigsburg hatten mir die Fräulein englischen Unterricht gegeben und sind mir die Anfangsgründe noch im Gedächtnis, aber zu Hause konnte ich es nicht fortsetzen und dachte auch kein Mensch, dass die Gret das Englische einmal nötig brauchen könnte.

Ansicht vom alten Wildbad. Am Ortsrand befindet sich das Haus »Herrenhilfe«, das kranken Kindern vorbehalten ist.

August Hermann Werner schickt den Kindern öfters Briefe aus Ludwigsburg, um sie zu ermuntern oder zu ermahnen. Maria Werner versammelt dann die Kinder um sich und liest vor. Ein auf den 14. August 1856 datierter Brief ist erhalten geblieben:

Liebe Kinder!

Was ich Euch mündlich ans Herz gelegt habe, möchte ich auch noch schriftlich tun. Meines Herzens Wunsch ist, daß keines unter Euch ohne einen rechten, wirklichen Segen aus der Herrenhilfe in Wildbad nach Hause kehre. Was mich am meisten freuen würde, wäre, wenn Ihr für Leib und Seele gleichviel in Wildbad gewinnen würdet. Sollte eines unter Euch sein, das etwa dächte, für die Seele habe es keine Heilung nötig, so möchte ich gerade dieses für das kränkste ansehen, denn erst, wenn wir unsere Krankheit und Hilfsbedürftigkeit einsehen lernen, kann uns geholfen werden. Behaltet nur das: der Heiland hat mich so lieb, als sein eigenes Leben, denn er hat sein Leben für mich gelassen. Es ist ihm auch das geringste, was mir begegnet, nicht unwichtig, er weiß es, er sieht es, er empfindet es mit, denn er ist das Haupt und wir sind Glieder an seinem Leib. Es tut ihm wehe, wenn wir leiden und wenn er uns also irgend ein Leiden doch nicht abnimmt, so tut er es aus ganz besonderen Liebesabsichten. Dem denket nach. Gott segne Euch solches Nachdenken.

Es grüßt Euch herzlich
Euer treuer Freund
August Hermann Werner[51]

Wie sehr Margarete und die anderen Kinder von den Briefen Werners beeindruckt gewesen sind, läßt sich schwer ermessen. Vielleicht ist es für Margarete Steiff eine wichtige Erkenntnis gewesen, daß es nicht nur um ihre kranken Beine geht, sondern daß sie eine Lebenseinstellung zu ihrer Behinderung finden muß. Und es liegt nahe, daß sie zu dieser Einstellung im Hause von Dr. August Hermann Werner gefunden hat.
Die Kinderheilanstalt bemühte sich also nicht nur um Linderung und Heilung im Sinne einer rein medizinischen Versorgung, sondern sie verfolgte einen geradezu modernen Ansatz, den man heute als »ganzheitlich« bezeichnen würde: nicht nur Heilen, sondern auch Erziehen und Versorgen.

Während des Sommers 1856 wird klar, daß Margaretes Kuraufenthalt verlängert werden muß. Die weitere Finanzierung ihres Aufenthaltes muß geregelt werden. Nach einem Briefwechsel mit Dr. August Hermann Werner berät der Stiftungsrat der Stadt Giengen ein zweites Mal. Nach der Beratung am 26. Juni 1856 wird folgendes Stiftungsratsprotokoll verfaßt:

Dr. Werner in Ludwigsburg hat unterm 21. d. Mt. hierher mitgetheilt, daß die Margarete Steiff, welche seit 6 Wochen zur Heilung ihres Fußleidens in Wildbad war, wenigstens noch 3 Monate in seiner Anstalt verpflegt werden sollte, um beurtheilen zu können, in wie weit das angewendete Bad auch die entsprechende Nachkur auf das Fußübel des Kindes vortheilhaft eingewirkt hat; zugleich fragt er an, ob man seitens der Stiftung die weitern nöthigen Kosten der Verpflegung für die Dauer von etwa 3 Monaten bewilligt werden, in dem er anfügt, daß ein kürzerer Termin kaum gestellt werden kann, wenn irgend ein erhebliches Resulat bei dem Kinde erzielt werden soll.

Die Collegien halten dafür, daß der gemachte Versuch der Heilung bei der Margarete Steiff jetzt noch nicht abgebrochen werden dürfe und da sie wohl wissen, daß die Eltern derselben nicht im Stande sind selbst die Kosten zu bestreiten, so wird einstimmig beschlossen solche auf weitere 3 Monate in der Art auf die Stiftung zu übernehmen, daß die nach dem Rechenschafts-Bericht der Werner'schen Anstalt noch nöthigen ca. 25 fl. (Gulden, W.H.) p. Monat unmittelbar an Dr. Werner übersandt werden, wenn dieser sich nicht bestimmen ließe um einen geringeren Betrag das kranke Kind bei sich zu behalten und für dessen Verpflegung und ärztliche Versorgung zu sorgen.[52]

Aus einer noch erhaltenen Stiftungspflegrechnung, datiert auf den 26. Juli 1856, geht hervor, daß die Kosten des Aufenthalts in Höhe von 78 Gulden 52 Kreuzern in vollem Umfang übernommen wurden. Wenn man bedenkt, daß der Giengener Stadtschultheiß damals eine jährliche Besoldung von 375 Gulden, der Stadtpfleger (= Kämmerer) 175 Gulden und ein Ratschreiber 125 Gulden bekam, wird deutlich: Schon damals um 1856 waren die Krankenkosten sehr hoch. Die Übernahme der Kosten durch den Stiftungsrat war keineswegs selbstverständlich. Im

Fall der Margarete Steiff ließ man in Giengen an der Brenz jedoch nichts unversucht, um ihr zu helfen. Sechs Monate war Margarete weg von zu Hause:

Nachdem ich nun im Sommer 1856 mehrmals zwischen Ludwigsburg und Wildbad den Aufenthalt gewechselt hatte, holte mich meine Mutter gegen Martini (also am 11. November, W.H.) heim.

Im darauffolgenden Sommer des Jahres 1857 wird ein zweiter Heilungsversuch unternommen. Auch diesmal übernimmt der Stiftungsrat die Behandlungskosten. Wieder ist Margarete Steiff vier Monate lang bei Werners in Ludwigsburg und anschließend in Wildbad. Diesmal übernimmt Patentante Apollonia Hähnle von der Klingelmühle den schwierigen Transport der anspruchsvollen kleinen Margarete.

Im Sommer 1857 besorgte mich meine Tante Apollonia nach Ludwigsburg. (…) Da ich bisher nur gewohnt war, dass meine Mutter mich trug, so war es mir sehr unangenehm, dass die liebe Tante irgendeinen Dienstmann anrief, der mich tragen sollte, Tante konnte es nämlich gar nicht verschnaufen.

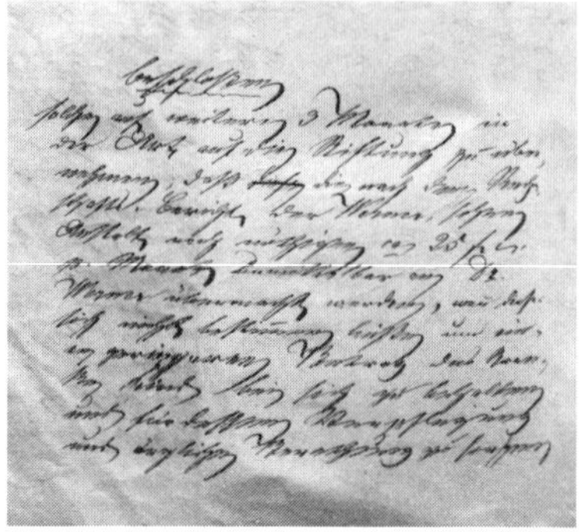

Der Giengener Stiftungsrat beschließt, die Behandlungskosten für das gelähmte Kind des Werkmeisters Steiff zu übernehmen. Stadtarchiv Giengen, FF 19 Nr. 477

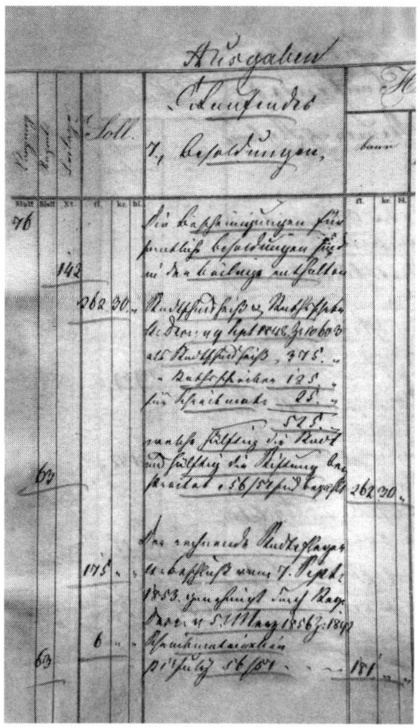

Aufstellung über die Besoldung des Giengener Stadtschultheißen, des Stadtpflegers und des Stadtschreibers als Vergleich zu den Pflegekosten der Margarete Steiff

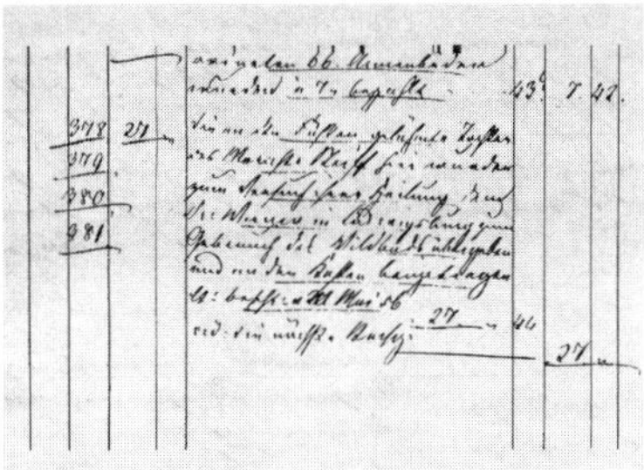

Auszüge aus den Stiftungspflegrechnungen über die Kosten für das Heilverfahren der Margarete Steiff. 1855/56, Stadtarchiv Giengen, FF 14 Nr. 354

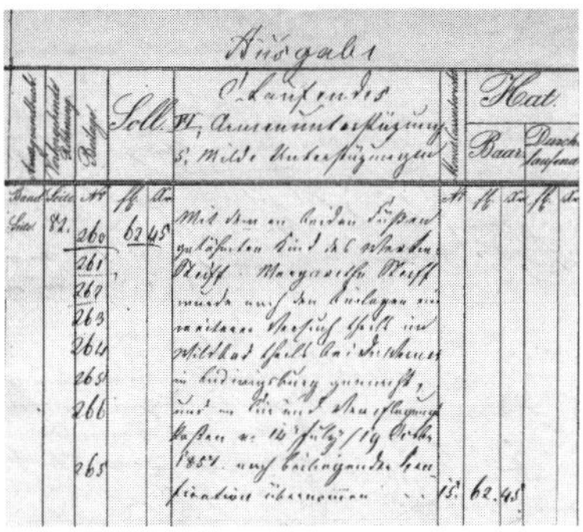

Stiftungspflegrechnung 1856/57, Stadtarchiv Giengen, FF 14 Nr. 355

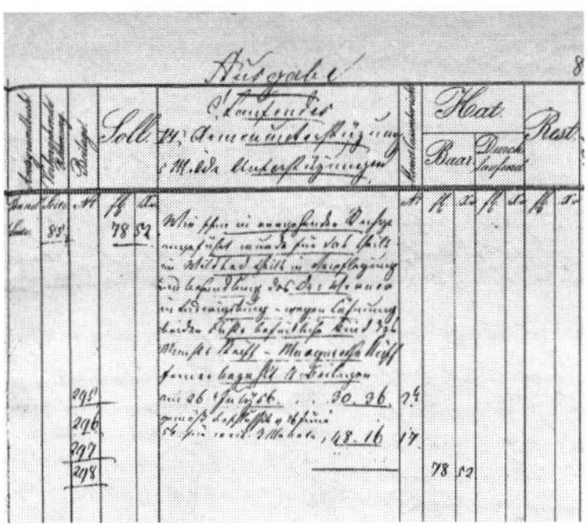

Stiftungspflegrechnung 1857/58, Stadtarchiv Giengen, FF 14 Nr. 356

Nicht jeder darf Margarete einfach so in der Gegend herumtragen, wie es ihm paßt.

Kinder sind sehr anspruchsvoll, und ich war tief beleidigt. Zum Glück hat es niemand bemerkt und ich bin der lieben Tante heute noch dankbar, dass sie damals meinen Eltern die Reise ersparte.

Margarete genießt auch den zweiten Sommer in Ludwigsburg und Wildbad in vollen Zügen: »Bei Werner's war es wieder schöner als zuvor.« Durch den Kontakt zu anderen Kindern, die sich in einer ähnlichen Lage befinden, hat Margarete Steiff viel für ihr Selbstbild gewonnen. Im Grunde ist es ganz einfach: Behinderte Kinder sind so gut und so böse, so dumm oder intelligent wie alle anderen auch. Nicht die Behinderung ist das Wesentliche, sondern die Persönlichkeit.

Margarete stellt fest, daß sie nicht die einzige ist, die ein schweres Leiden hat, und sie kann ihre eigenen Kräfte besser einschätzen. Diese bemerkenswerte Einsicht formuliert sie auf beinahe paradoxe Weise.

Es waren nicht viele Kinder da, die gar nicht laufen konnten wie ich. Da-

gegen hatten sie aber alle viel beschwerlichere Leiden, auch teilweise Schmerzen, so daß ich das Gesündeste war.

Die Kinder in der »Herrenhilfe« leiden unter »allgemeiner Schwäche, Verkümmerung und Atrophie, chronischer Entzündung und Verdickung des Kniegelenkes, Fußgeschwüre, Beinbrand, Tuberkulose Leiden, Beinfraß«. Dr. Werner berichtet unter der Rubrik »Schwäche der Glieder, besonders der Füße und wirkliche Lähmung derselben« in seinem Jahresbericht:

Unter dieser Benennung lassen sich 36 unserer Pfleglinge, 16 Knaben und 20 Mädchen, zusammenfassen, die jedoch an sehr verschiedenartigen Beschwerden und Gebrechen litten. 9 derselben blieben ungeheilt, 10 wurden in mehreren Beziehungen gebessert, 6 wesentlich gebessert und 11 geheilt entlassen.

Es folgt eine kurze Beschreibung aller behandelten Krankenfälle. Unter anderem steht da zu lesen:

Ein Knabe mit Lähmung beider Füße, von chronischer Entzündung der Umhüllungen des Rückenmarks herrührend, zugleich mit bedeutenden Halsscrophelgeschwüren – von beiden Übeln gründlich hergestellt.
Ein Mädchen mit Lähmung beider Füße, wahrscheinlich aus ähnlichen Ursachen, aber nach schon längerem Bestand – mit bedeutender Ausbeugung des Kreuzbeines nach hinten – ungeheilt.[53]

Von den behandelten Patienten im Jahresbericht der »Herrenhilfe« bleibt am Ende der Saison nur der namenlose Krankenfall. Mit großer Wahrscheinlichkeit handelt es sich aber bei dieser Krankenbeschreibung um Margarete Steiff.
»Ungeheilt« – Mit dieser knappen Bemerkung ist für die Eltern von Margarete eine Katastrophe verbunden, eine Tragödie, eine endgültig gescheiterte Hoffnung nach einer Serie von Fehlschlägen. In der Stadtpflegrechnung von 1857 heißt es lapidar:

Mit dem an beiden Füßen gelähmten Kind des Werkmeisters Steiff – Margarete Steiff wurde nach den Beilagen ein weiterer Versuch theils in Wildbad theils bei Dr. Werner in Ludwigsburg gemacht, und die Chur- und Verpflegungsko-

sten vom 14. Juli bis 19. Oktober 1857 nach beiliegender Spezifikation übernommen. 62 Gulden 45 Kreuzer.[54]

Die Beschreibungen von Margarete Steiff über den Badebetrieb im »Katharinenstift« und den Alltag in den »Werner'schen Anstalten« von 1856/57 sind übrigens die frühesten Aufzeichnungen über die »Herrenhilfe« aus der Sicht einer Patientin. Möglicherweise gehören sie sogar mit zu den frühesten erhaltenen Beschreibungen der Körperbehindertenpädagogik aus der Patientenperspektive überhaupt.
Was Margarete Steiff als schöne und unvergeßliche Erfahrung in ihrem Leben beschreibt, darf nicht den Blick dafür trüben, mit welchen tragischen Lebensschicksalen, mit welchen von Anfang an »glücklosen« Biographien und auswegslosen Situationen der Medizinalrat August Hermann Werner und seine wenigen Pflegerinnen tagtäglich konfrontiert waren.

Schon vor Jahren war ihm (August Hermann Werner, W.H.) der Mißstand aufgegangen, daß eine Reihe gebesserter oder beinahe geheilter Kinder in ihre alten, oft ärmlichen Verhältnisse entlassen werden mußten und dann von den Ihrigen als unnütze Esser betrachtet wurden, wenn sie nicht selbst etwas verdienen konnten.[55]

Das ist der Blickwinkel, unter dem die Gesellschaft des 19. Jahrhunderts den behinderten Menschen betrachtet. Die Gesellschaft des 19. Jahrhunderts, die zunehmend von der Arbeit bestimmt wurde, bemaß damit den Wert eines Menschen an seiner Gebrauchsfähigkeit. Auch ein behinderter Mensch sollte der Gemeinschaft nützlich sein.
Dem umständlichen Stil seiner Zeit gemäß beschreibt Werner, welche Menschen seine Anstalten besuchten:

Wir haben drei Klassen kleiner Kämpfer und Pilger vor uns. Die erste steht im Begriff, diesmal siegreich hervorzugehen aus dem Streite der jungen Lebenskräfte mit dem Tod und seinen Vorposten. (...) Die zweite Klasse, eine kleine Schar von Invaliden, noch jung an Jahren, aber bereits mit gebrochener Kraft, unfähig für den Vollgenuß des irdischen Lebens wie für die spätere Erfüllung der Ansprüche, welche die Gesamtheit an ihre einzelnen Glieder zu machen berechtigt ist. Diese erfordern neben der Leibespflege einen geordneten Unterricht, um für die menschliche Gesellschaft möglichst brauchbar gemacht zu werden. (...) Von der dritten Klasse: Es geht kein Jahr vorüber, in welchem nicht für einzelne Kinder unser Haus die letzte Station wird vor dem Übergang in das ewige Leben, und wir weisen nach unseren Statuten auch solche Kinder nicht ab.[56]

»Unfähig für den Vollgenuß des irdischen Lebens«, und »jung an Jahren, aber bereits mit gebrochener Kraft«, so wird Margaretes Körperbehinderung beschrieben. Sie gehört zur Schar der »Invaliden«, von denen sich die Gesellschaft des 19. Jahrhunderts wenig erhofft.
Wie es aber Margaretes Art ist, gibt sie die Hoffnung nicht auf, daß sie noch geheilt werden kann. Noch einmal acht Jahre werden vergehen. Sie ist beinahe schon erwachsen, als sie sich endgültig damit abfindet, niemals im Leben gehen zu können. Etwas resigniert, aber gefaßt notiert sie über diesen Zeitpunkt:

Von da an, etwa mit 17 oder 18 Jahren liess ich mich durch keine angepriesenen Mittel oder Heilmethoden mehr aufregen, denn das unnütze Suchen nach Heilung lässt den Menschen nicht zur Ruhe kommen.

Schule – »Das war mir gar nicht leid«

Als Margarete, die ihren zehnten Geburtstag »in der Fremde« feiern mußte, im Herbst 1857 nach Giengen zurückkommt, sind die beiden ersten großen »Ferien« ihres Lebens vorbei. Die Eltern werden über den erfolglosen Kuraufenthalt in Wildbad resigniert gewesen sein. Was soll bloß später aus ihr werden? Sie wissen, daß die behinderte Margarete es schwer haben wird. Irgendwann wird ihr Kind erwachsen sein. Während ihre Freundinnen dann heiraten werden, muß man sehen, wie Margarete überhaupt ihr Auskommen finden wird. Was wäre für sie zu tun?
Gewiß merkt Margarete, daß sich die Eltern um sie sorgen. Doch welcher Art die Sorgen der Eltern sind, davon weiß sie noch nicht allzuviel. Die ungeliebte Häkelarbeit wartet wieder und eine Menge Arbeit,

In der 1811 erbauten Schule am Kirchplatz besucht Margarete den Schulunterricht und die Nähschule.

denn auch in der Schule muß sie einiges nachholen. In Ludwigsburg und Wildbad hat sie eine Fülle neuer Erfahrungen gesammelt, hat ein ganz anderes Leben kennengelernt. Sie ist für ihr Alter schon weit gereist und hat viel erlebt. Ludwigsburg, Schwarzwald, Wildbad – von solchen klangvollen Namen können die Spielkameraden und Mitschüler in Giengen nur träumen. Viele der Kinder sind noch nicht einmal über Heidenheim hinausgekommen, und Margarete, ein Mädchen, das nicht einmal laufen kann, hat es schon bis nach Stuttgart und darüber hinaus bis in den Schwarzwald gebracht. Da gibt es eine Menge zu erzählen. Und wenn das »Gretle« erst englisch spricht! Ihre Umgebung ist gebührend beeindruckt. Sie gewinnt Selbstbewußtsein und Eigenständigkeit.

Ab dem Winter 1857/58 findet man Margarete von morgens bis abends in der Schule.

Durch die beiden Sommer, die ich in Ludwigsburg und Wildbad verbrachte, war ich in der Schule zurückgekommen. Nun galt es Sprüche und Lieder nachzulernen.

Die Schule ist für Margarete wiederum ein anderer Ort als die Wohnstube und die begrenzte Welt der Ledergasse.

In die Schule ging ich sehr gerne und liess mich durch keine Witterung abhalten, obgleich ich leicht Urlaub bekommen hätte. Meine Geschwister oder Nachbarskinder nahmen mich mit.

Auch die Schule am Kirchplatz ist für sie ein Tor in eine ganz andere Welt. Sie kommt unermüdlich jeden Tag ins Klassenzimmer. Das wird perfekt organisiert, und für die Kinder, die dies täglich besorgen, ist es sicher nicht immer leicht gewesen. Das Wägelchen mit Margarete muß schließlich mühsam im Sommer wie im Winter, auch bei Regen, Schnee und Eis, von der Ledergasse bergauf bis zum Schulgebäude auf dem Kirchplatz gezogen werden.

Unterricht in der Schule. Nachzeichnung eines Kupferstichs, 1. Hälfte 19. Jahrh. Bayerisches Nationalmuseum, München, Inv.-Nr. 47/21-137

Giengens Straßen sind damals noch nicht asphaltiert, sondern sie haben dort, wo sie überhaupt befestigt sind, ein Kopfsteinpflaster wie in der Marktstraße, die 1853 immerhin einmal neu gepflastert wurde. Der Straßenbelag ist also nicht ideal, um Margarete in ihrem »Rollstuhl« bequem zur Mädchenschule am Kirchplatz zu ziehen.

Manchmal gibt es dabei kleine Pannen: Die Kinder haben auf dem Schulweg gebummelt, die Lehrer sind streng, es drohen Rügen oder gar ein paar Tatzen mit dem Rohrstock – dann lassen die Kinder ihre Margarete schon mal im Stich, machen schnell, daß sie ins Klassenzimmer kommen, und sie sitzt allein draußen vor der Tür. Manchmal helfen ihr dann die Lehrer und sorgen dafür, daß die wißbegierige Margarete in ihre Klasse kommt.

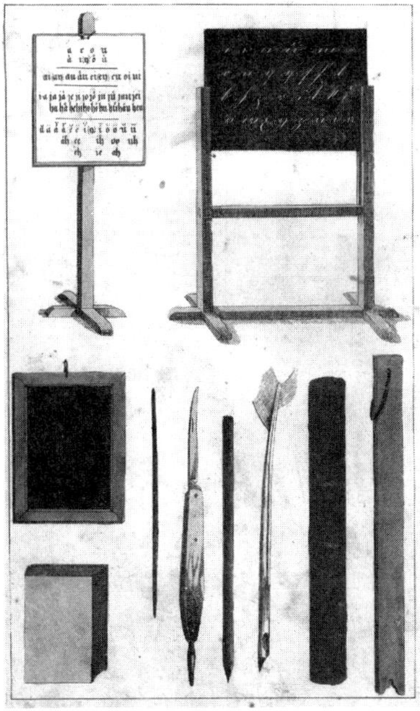

»Schulgeräthe« im Jahr 1835: Schrifttafel und Wandtafel, sowie Schiefertafel und Buch, dazu Schreibgeräte wie Schiefergriffel, Federmesser, Bleistift und Feder, Federrohr und Lineal

In der Nähe des Schulhauses hatte eine Frau den Auftrag, mich die Treppe hinaufzutragen. Nicht selten kam es vor, daß mich mein Gespann einfach vor dem Schulhaus stehen liess und in ihre Klasse eilte. Aber da war auch noch der Herr Schnapper (der Zeichenlehrer der Kinder, W.H.), der sich meiner annahm und mich versorgte, auch die Lehrer trugen mich oft hin und her.

Die Mitschülerinnen verstehen sich gut mit Margarete. Wie die auch erzählen kann! Daß man sich von ihr absondert, sie irgendwann nicht akzeptiert hätte, davon berichtet Margarete nichts. Deshalb fühlt sich Margarete in der Schule wohl, obgleich diese nicht gerade ein Ort der Gemütlichkeit ist. Denn:

Die Ausstattung der Schulzimmer war äußerst dürftig. Die Sitzplätze reichten nicht immer für alle Kinder aus, noch weniger die Tische. Später wurden dann nach und nach sogenannte »Subsidien« angeschafft, bei denen Tisch und Bank aneinander befestigt waren.[57]

Die Schülerinnen schreiben auf Schiefertafeln, und bei einer Klassengröße zwischen 60 und 100 Kindern ist allein schon das Kratzen der Stifte auf den Tafeln eine beeindruckende Katzenmusik. Wie man sich das Arbeitsklima in so einer Mädchenschulklasse vorzustellen hat, läßt sich aus der Diskussion um die Zulassung von weiblichen Lehrkräften als »unständige« Lehrerinnen (nach preußischem Vorbild) an den öffentlichen Schulen Württembergs rekonstruieren. Ein strammer Bezirksschulinspektor um 1858 äußert sich da ganz offen:

Mag sich auch eine Preußin leicht zur Lehrerin qualifizieren, so folgt daraus noch lange nicht, daß dies auch bei einer Schwäbin so leicht geht. Unsere derbere zügellose und plumpe Jugend kann ohne Stock nimmermehr regiert werden, und den Stock kann ein Mann doch besser führen als ein Weib. Da das Weib sich der Ordnung noch schwerer fügt als der Mann, gilt dies auch für Mädchenschulen.[58]

Schulbänke, Tintenfaß und Lehrerkatheder

Der Schulunterricht wird vor allem in der Volksschule noch stark durch den Einfluß der Kirche bestimmt und richtet sich in den Städten nach der Konfession der Mehrheit. In Giengen ist der Unterricht deshalb evangelisch ausgerichtet.
In den Schulstunden werden die Kinder im Lesen, Schreiben, in Sprachlehre, Rechnen, Singlehre und Zeichnen unterrichtet, und

dann ist da auch noch das sogenannte »Memorieren«. Zahllose Sprüche, Kirchenlieder und Katechismusstoffe müssen auswendig gelernt werden. Das Memorieren kostet die Mädchen einige Mühe: »So waren z.B. 1851 30 Lieder auswendig zu lernen. 1857 hatten die Jüngeren 30, die Älteren 70 Sprüche zu bewältigen.«[59] Margarete nimmt ihre Bücher, läßt sich zu ihrer Schulfreundin Katharine fahren, »und da wurde an einem stillen Plätzchen fest darauf los gelernt. Da man mich schon ein Jahr früher konfirmieren wollte, so hatte ich auch schon ein Jahr früher den Konfirmandenunterricht besucht.«
Der tägliche Schulunterricht und noch dazu die Konfirmationsvorbereitungen sorgen für einen übervollen Stundenplan. Margarete ist so eifrig, daß sie sogar auf ihr Mittagessen verzichtet, nur um ja nichts zu versäumen. Mit dem Rollstuhl in die Ledergasse hinunter und wieder in die Kirchgasse zurück, das kostet zuviel Zeit. Und nachmittags, wenn die Mitschülerinnen nach Hause gehen, besucht das Mädchen zusätzlich noch die Nähschule. In Wildbad hat sie sich daran gewöhnt, viel mit anderen Kindern zusammenzusein. Allein in der Stube hocken will sie deshalb noch weniger als früher. Beim Nähen rennen die Mädchen auch nicht ständig herum. Man sitzt in der Gruppe zusammen. Die Nähschule besuchen, das bedeutet einfach auch Handarbeiten zu lernen, die ihr neu sind, und zwar nicht im stillen Kämmerlein, sondern zusammen mit den Freundinnen.

Zu der Zeit war ich winters von 8 Uhr früh bis abends 5 Uhr in den Schulen. Von 11–12 war Konfirmanden-Unterricht, um 12 Uhr kamen schon wieder die anderen Schüler und brachten mir etwas zu essen mit. Ich hatte aber nicht das Herz mein Essen zu geniessen, sondern machte mit den anderen Schülern gleich wieder mit im Lernen, obgleich alle Konfirmanden eine halbstündige Pause hatten. Um 2 Uhr war die Schule aus, dann schleppten mich die stärksten von meiner Klasse in die Nähschule, welche auf dem gleichen Boden war.

Manche ihrer Mitschülerinnen hätten da geklagt: »Schule, Schule, nichts als Schule.« Doch für Margarete ist das kein Problem. Sie ist nicht allein, sie ist dort endlich mit Gleichaltrigen zusammen, es geht lustig zu und außerdem hat die Sache einen Vorteil: »Das war mir gar nicht leid, dann musste ich doch nicht häkeln.«

Margarete Steiff verbringt keine vergnügt verspielte Kinderzeit. Wie viele Gleichaltrige muß sie die Familie von klein auf mit ihrer Arbeit unterstützen. Noch härter trifft es manche ihrer Schulkameradinnen. Vor allem im Sommer müssen viele Kinder bei der Ernte helfen.

Nach einer dekanatamtlichen Verordnung vom 17. April 1839 soll das »Verdingen von Schulkindern« (...) »nur in allerdringendsten Fällen« (...) geduldet werden. (...) Trotzdem wurde noch bei der Bezirksschulversammlung von 1876 die »maßlose Überbürdung der Schulkinder mit physischen Anstrengungen im Dienste des materiellen Erwerbs« als Übelstand beklagt.[60]

Jede Gelegenheit nutzt Margarete aus, um der strengen Aufsicht der Mutter, dem ständigen Zusammensein mit Erwachsenen und den aufgetragenen Arbeiten zu entfliehen. Aber nicht ins Nichtstun, Gott bewahre – sie sucht nach Abwechslung. Viel lieber sind ihr deshalb neue Arbeiten, z. B. auch die Hausaufgaben, über die ihre Schulkameraden immer so jammern. Im Gegensatz zu den anderen Kindern, die ungeduldig aus der Schule hinausdrängen und gern draußen herumtoben wollen, hat Margarete viel Zeit. Zeit allerdings, die sie nicht verschwendet, sondern Zeit, die sie möglichst gut nutzen will. Da, wo andere Kinder Sitzfleisch benötigen, um über die Runden zu kommen, ist Margarete endlich einmal bloß eine unter gleich Betroffenen. Geduld zu haben, das hat sie im Gegensatz zu vielen ihrer Altersgenossen von klein auf gelernt. Schule und Lernen, da spielt es keine Rolle, ob man gehen kann, und außerdem – da müssen auch alle anderen Kinder stillsitzen.

Spielendes Kind in der Langen Gasse. Erinnerungen an gute oder schlechte Kindertage halten oft ein ganzes Leben lang.

Neben der 1811 auf dem Kirchplatz von Giengen erbauten Schule entsteht 1843 die obere Schule als Real- und Lateinschule.

Wo genau Margarete Steiff in ihrer Klasse die Schulbank drücken mußte, ist leider nicht bekannt, es wäre aber aufschlußreich. Denn »im letzten Jahrhundert brachten die Lehrer den Leistungsstand der Schüler durch die ›Lokation‹ zum Ausdruck. Dies bedeutet, daß jeder Schüler seinen Platz oder seinen Rang nach seinem Können bekam. Der am besten beurteilte Schüler saß vorn, und die schwächsten Schüler waren ›die Hintersten‹.«[61]

Die fleißige Margarete wird wohl keine »Hinterbänklerin« gewesen sein. Vielleicht aber war für Margarete die schulische Leistung gar nicht so wichtig, und auch nicht, in welcher Bank sie zu sitzen kam. Wichtiger war ihr wohl, daß sie im Klassenzimmer eine von vielen ist, eine ganz normale Schülerin. Hier kann sie ohne Probleme in allem mithalten. Schule, für viele Kinder eine ungeliebte Zeit, bedeutet für das Mädchen eine Möglichkeit, den langweiligen Alltagstrott zu unterbrechen. Außerdem, was hätte es ihr auch genützt, die Klassenbeste in der Schule zu sein? Mädchen hatten ohnehin keine Möglichkeit, eine höhere Schule zu besuchen – nur für Knaben gab es diese Chance. Zu Margarete Steiffs Schulzeit »hatte die Stadt neben der Schule des Präzeptors (Lateinschule) noch eine Knaben- und eine Mädchenschule. Der Unterricht wurde von einem Knabenschulmeister und einem Provisor (Gehilfen, W.H.), sowie einem Mädchenschulmeister und Provisor erteilt.«[62]

Trotz sehr guter Begabung konnten Mädchen im 19. Jahrhundert in Württemberg keine höhere öffentliche Schule besuchen. Wollten sie sich weiterbilden, gab es nur die Möglichkeit, teuer bezahlten Privatunterricht zu nehmen. Nur an die Jungen wurde 1805 in Giengen gedacht, denn »die Fortschritte der gegenwärtigen Zeit-Periode in der Kultur und die politische Veränderung der hiesigen Stadt (Verlust der Reichsunmittelbarkeit und der Anschluß an das Königreich Württemberg, W.H.) erfordert bessere und höhere Schulanstalten, indem die Söhne des höhern Bürger-Standes einen festen Grund zu ihren künftigen Bestimmungen legen müssen.«[63]

Keine Rede ist da von den »künftigen Bestimmungen« der Mädchen. Für sie nämlich war nur die Volksschule und später der Besuch der Nähschule vorgesehen. Wozu brauchten die Mädchen auch Bildung, galten doch ausschließlich Ehe und Mutterschaft in dieser Zeit als die natürlichen Aufgaben der Frau. Die Ehe war ein wechselseitiger Versorgungsvertrag und eine Arbeitsgemeinschaft – Liebesheiraten waren immer noch die Ausnahme. Daher wurde in Giengen noch 1896 ein Antrag auf Einrichtung einer Mädchen-Mittelschulabteilung abgewiesen und der Errichtung einer Frauenarbeitsschule der Vorrang eingeräumt. Erst Maria Gräfin von Linden, im nahen Burgberg aufgewachsen, war die erste junge Frau, die nach Privatunterricht eine Sondergenehmigung des Landes Württemberg erhielt, das Abitur abzulegen. Sie wurde im Jahre 1892 unter größten Schwierigkeiten als erste ordentliche Studentin an der Universität zu Tübingen aufgenommen.

Zur Schulzeit von Margarete Steiff hatten die Mädchen, selbst die begabtesten, keine Möglichkeit, eine höhere Schule zu besuchen und entsprechend ihrer Begabung Arbeit zu finden. Ein behindertes Mädchen wie Margarete Steiff trafen solche Regelungen um so härter – die Versorgung über eine Ehe war für sie so gut wie ausgeschlossen. Behinderte Mädchen blieben also ihr Leben lang von ihren Eltern abhängig, weil sie ständig betreut werden mußten und als Arbeitskraft nur eingeschränkt oder gar nicht zu gebrauchen waren.

II. 1860–1880: Jahre der Arbeit

»Nur arbeiten und wieder arbeiten«

Schulabschluß und Konfirmation waren für die Kinder in den sechziger Jahren des 19. Jahrhunderts ein entscheidender Lebensabschnitt. Mit dem Schulabschluß im Alter von vierzehn Jahren war die Kindheit mit einem Mal zu Ende. Denn die meisten Kinder wurden spätestens nach der Konfirmation in ihren Familien als Arbeitskräfte voll eingesetzt. Für die älteren Schwestern Pauline und Marie beginnt deshalb kurz nach ihrer Konfirmation die Härte des Alltagslebens, und sie verlassen das elterliche Haus. Üblicherweise wurde bei den Frauen die Zeit zwischen Konfirmation und Hochzeit als »Übergangszeit« angesehen, in der sie die nötigen Fertigkeiten für ihren späteren Haushalt zu lernen hatten. Marie und Pauline müssen »in die Fremde« oder »in Stellung« gehen und bei wohlhabenderen Bürgern ein Dienstverhältnis übernehmen. Marie ist die erste der Geschwister, die mit ihren vierzehn Jahren fort muß: Sie soll Kindermädchen werden, obwohl sie selbst kaum den Kinderschuhen entwachsen ist. Großvater Bartholomäus bringt sie im Frühjahr 1859 nach einem tränenreichen Abschied fort.

Der Grossvater entlehnte Roß und Wagen und fuhr mit der kleinen Marie dem Härtsfeld zu. Es gibt ein Sprichwort »Wer Vater und Mutter nicht folgt, muss aufs Härtsfeld« und die Marie war doch die brävste von uns Geschwistern. Es ging ihr aber auch nicht schlecht.

Das Härtsfeld ist eine sehr karge, arme Landschaft mit steinigen Äckern, in der die Menschen noch härter um ihren Lebensunterhalt zu kämp-

fen haben als im Brenztal. Dorthin also führt die Reise von Marie. Für zwei Jahre muß sich Margarete von ihrer Schwester verabschieden.
Im Jahr darauf wird auch Pauline Steiff konfirmiert. Zuerst hilft Pauline noch in der Klingelmühle bei Tante Apollonia aus, dann kommt sie in Dienst zu einer Familie in Augsburg.
Das tägliche Leben der Familie Steiff verändert sich, seit die älteren Schwestern nicht mehr im Haus sind. Nun hat Margarete nur noch ihren Bruder Fritz, dem sie sich in dieser Zeit eng anschließt. Die beiden hocken nun viel zusammen, und doch, es ist merklich stiller. Manchmal denkt Margarete, gleich müßte Pauline oder Marie zur Tür hereinkommen. Hin und wieder bemerkt sie, wie ihre Mutter sie ganz versunken und sorgenvoll betrachtet. Margarete muß nicht »in die Fremde gehen«, sie kann es nicht: Sie braucht selbst »Bedienung«.

Werkmeister Friedrich Steiff, 1816–1894

Das war für meine liebe Mutter eine schwere Zeit, weil sie sich so sehr um meine Zukunft absorgte, für mich eine schöne Zeit, weil ich mit heiligem Ernst den Unterricht und die Konfirmation mitmachte.

Erst zwei Jahre später, am 22. April 1860, bei ihrer eigenen Konfirmation, sieht Margarete die Schwestern wieder.
Margarete wird vorzeitig konfirmiert, sie ist noch keine dreizehn Jahre alt. Noch ein Jahr, und auch sie hat die Schulzeit hinter sich, und die Welt der Erwachsenen liegt vor ihr. Mit der Bibel, die sie aus Anlaß ihrer Konfirmation vom Stadtpfarrer geschenkt bekommt, erhält sie einen Denkspruch. Der lautet: »Laß Dir an meiner Gnade genügen, denn meine Kraft ist in den Schwachen mächtig.«[64]

Als Margarete Steiff 1861 ihre Schulzeit beendet, ist ihre Zukunft völlig ungewiß. Sie hat keine Berufsausbildung. Das einzige, was Margarete außer dem Besuch der Mädchenschule für sich verbuchen kann: Sie hat Nähen gelernt, und sie hat Zeit, sehr viel Zeit.
Schmerzlich trifft die ganze Familie der Tod von Großvater Bartholomäus, der im Frühjahr 1861 mit 71 Jahren stirbt. An ihm hing Margarete Steiff ganz besonders. Eine Generation stirbt, während die Enkel gerade flügge werden. Um Margarete wieder aufzumuntern und ihr eine Freude zu machen, lassen sich die Eltern etwas Besonderes einfallen:

Endlich bekam ich meinen Herzenswunsch erfüllt. Ich durfte Zitherspielen lernen. (…) Herr Sautter, ein alter Musiker, bei dem mein Vater ein unsicheres Guthaben hatte, gab mir Unterricht.

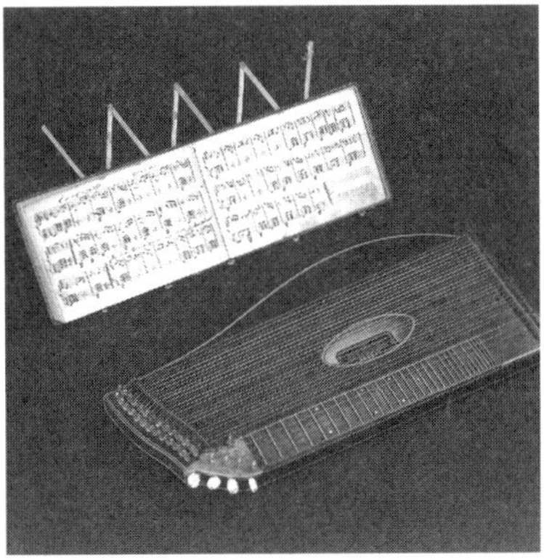

Margaretes Zither, ein Instrument, das im 19. Jahrhundert auch im Schwabenland viel gespielt, heute aber mehr in der alpenländischen Volksmusik zu Hause ist.

Dieser alte Musiker eröffnet der begeisterten Margarete die Welt der Musik, und bald hört man draußen auf der Ledergasse die ersten, unsicheren Zitherklänge, wenn Margarete übt.
Über Margaretes Lehrer berichtet die Meck'sche Chronik:

In der ersten Hälfte des vorigen Jahrhunderts lag die Pflege der Streich- und Blasmusik in den Händen von hierzu begabten Bürgern der Stadt, welche auch zum Teil bei einer Militärmusik gedient hatten. Die ältesten Bewohner von Giengen erinnern sich noch der Musiker Schreibmüller und Sautter. In der Oberamtsbeschreibung von Jahr 1844 wird eine Musikschule genannt, deren Leiter wohl genannter Sautter gewesen ist.[65]

Als Margarete bei Musiklehrer Sautter die Grundlagen des Zitherspiels erlernt, existiert bereits seit zehn Jahren eine städtische Musikschule. Für die damalige Zeit ist die städtische Musikschule Giengen eine einzigartige Einrichtung.

Sie war die erste ihrer Art in Deutschland. Der Geldgeber des ehrgeizigen Unternehmens war der erfolgreiche Kammersänger Johannes Melchior Hähnle, der sich mit Künstlernamen Gustav Hähnle nannte. Er vermachte seiner Heimatstadt Giengen 40000 Gulden zur Förderung des Musikwesens der Stadt.[66] Damit wurde die Gründung der städtischen Musikschule ermöglicht.

Doch nicht nur in Fragen der Schulausbildung, auch was den Musikunterricht in der Stadt betrifft sind Mädchen benachteiligt. Margarete darf die städtische Musikschule nicht besuchen. Kostenlosen Musikunterricht gibt es nur für die Söhne der Bürger!

Frauen waren bis zum Jahre 1913 von der Nutzung der Stiftung ausgeschlossen. Margarete Steiff bleibt also nur der Privatunterricht bei Musiklehrer Sautter und später das disziplinierte Selbststudium.

Margarete übt unverdrossen, denn Zitherspielen ist nicht einfach und erfordert geschickte Finger, für sie ist es eine große Herausforderung. Aber warum soll sie nicht auch Zitherspielen lernen können? Nähen, das hat sie schließlich auch gelernt, hat es lernen müssen. Jetzt, zum ersten Mal in ihrem Leben, kann sie etwas ganz für sich tun und alles aus freien Stücken. Da übt sie fleißig, auch wenn der rechte Arm schmerzt. Alles, was Margarete in Angriff nimmt, geschieht mit großer Gewissenhaftigkeit und Sorgfalt. Daß ein Behinderter hilflos sein soll, nimmt sie genauso wenig zur Kenntnis, wie wenn ihr jemand sagt: »Das kannst du nicht.«[67]

Die 1851 gegründete Giengener Musikschule ermöglicht es den Söhnen der Stadt, ein Instrument zu erlernen. Offenbar ist die Zither nicht dabei, warum sonst müssen die Orgelbaumeister Christian und Eugen Link das Instrument bei Margarete Steiff erlernen. Die Eröffnung der Giengener Musikschule wurde durch eine Stiftung des Kammersängers Johann Melchior Hähnle, der sich selbst Gustav nennt, ermöglicht.

Das Zitherspielen geht zunächst schwer, ist fast unmöglich, denn da müssen mehr Finger bewegt werden als beim Nähen, aber sie übt zäh, genießt jeden einzelnen Ton und – es geht tatsächlich. Und wenn sie ein kleines Lied zuwege bringt, Note für Note – was für eine Freude.

Erst viel später habe ich mir eine Zitherschule gekauft und dann erst gründlich gelernt, auch Unterricht gegeben. Eine meiner ersten Schüler waren Christian und Eugen Link.

Die ersten Schüler von Margarete Steiff sind bemerkenswerterweise die beiden späteren Orgelbaumeister Christian und Eugen Link. Die Orgelbauwerkstätte ihrer Väter Paul und Johannes Link wurde 1851 in Betrieb genommen und war bald auch überregional gut angesehen. Die Söhne übernahmen später den Orgelbau und führten den Betrieb mit großem Erfolg fort.

Die »Königin der Instrumente« entwickelte sich unter ihren Händen zu immer größerer Vollkommenheit. Die Gebrüder Link lieferten ihre Orgeln nach ganz Europa, Asien, Amerika und Afrika.[68]

Nach endlosem Üben auf der Zither erteilt Margarete Steiff nun selbst Unterricht. Jeden Kreuzer, den sie verdient, legt sie in ihren »Sparhafen«: »Das Zitherstunden geben brachte etwas mehr als die Handarbeiten ein.«

Doch es geht ihr nicht bloß um ein Zubrot. Wirklich wichtig ist für Margarete etwas ganz anderes. Egal, wo sie von nun an auch hinkommt, zu Freunden, zu Verwandten: Ab sofort erscheint sie immer mit ihrer Zither.

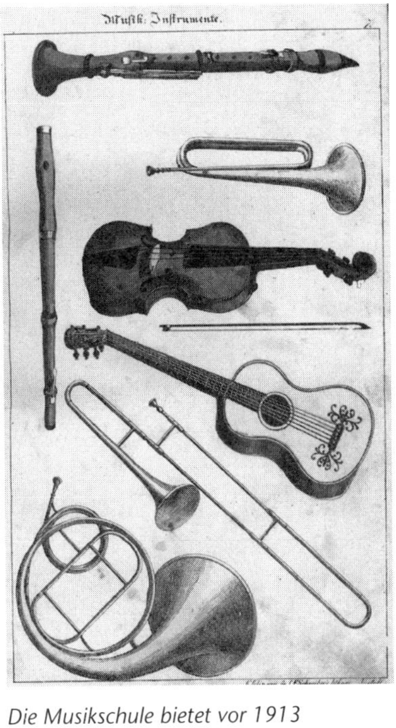

Die Musikschule bietet vor 1913 nur den Söhnen der Stadt die Möglichkeit zum Erlernen eines Instruments.

Ebenfalls im Jahr 1851 eröffnen die Brüder Link eine Orgelfabrik. Sie verkaufen ihre Instrumente auch nach Amerika, Asien und Afrika.

»Die Geselligkeit wurde viel gepflegt, wir hatten einen großen Kreis um uns. (...) da waren im Winter viele Visiten, wo es immer sehr vergnügt war. Da durfte natürlich die Zither nicht fehlen.« Und selbstbewußt und verschmitzt fügt Margarete hinzu: »... obgleich die Mehrzahl nicht sehr musikalisch war, wurde doch viel gesungen.«

Von der Nähschule zum Putzgeschäft

Margarete kann aber nicht ständig musizieren, denn immer wieder gibt es Arbeit. Dazu muß sie die Zither aus der Hand legen. Diesmal arbeitet sie im Haus von Tante Apollonia. Die Tante ist sehr beschäftigt: Elf Kinder aus drei Ehen müssen versorgt werden. Und dann die Aussteuern – die viele Arbeit, die das macht. Nichte Margarete und Apollonias Tochter Marie helfen mit. Der Einfachheit halber wohnt Margarete dann gleich die ganze Woche über in der Klingelmühle.
Es geht von morgens bis abends, gearbeitet wird wie im Akkord. Woche um Woche. Monat für Monat.

Zu der Zeit, als meine beiden Schwestern in der Fremde waren, nahm mich Tante Apollonia viel ins Haus und habe ich bei dem Aussteuerrichten für die Hähnle'schen Söhne viel mitgeholfen. Viele Wochen musste ich mit einem alten Memminger (aus dem nahen Hohenmemmingen, W.H.) Weible Federn putzen und kam ich die ganze Woche nicht heim, weil ich dort schlafen musste und in der Woche mindestens 42 Kreutzer verdiente samt der Kost. Der Verdienst stieg natürlich je nach der Leistung. Später durfte ich Namen nähen mit Kreuzstich. Es wurde auf das Damastzeug Mull aufgeheftet, und nachdem der Name fertig war, wurden die Fäden von dem Mull herausgezupft. Als die Aussteuern für Michael, Melchior, Hans und Georg fertig waren, ging es an Christine's. So sassen wir viele Monate in der oberen Stube, da wurde geschafft und gesungen.

Obwohl eifrig gearbeitet wird, haben Marie und Margarete noch jede Menge Zeit für Späße und manchmal werden ihre Scherze selbst der Klingelmüllerin zuviel:

Wir durften uns im Spass sehr viel erlauben. Aber einmal fasste es die Tante krumm auf und dann war's auf ein paar Tage nicht mehr gemütlich.

»Mutter sag's wenns Ernst wird«, meint Margaretes Freundin häufig, aber die beiden Mädchen sind manchmal einfach nicht mehr zu bremsen. Dann kann auch die gutmütige Klingelmüllerin ungemütlich werden. »Wir vergaßen gern den richtigen Moment und dann kam die Aufregung.« Die ausgelassene Stimmung der Mädchen leidet auch dann, wenn sich Apollonias Stiefsöhne zum Essen anmelden. Die beiden jungen Filzfabrikanten Hans und Melchior

Die Klingelmühle steht nur knapp außerhalb der alten Stadtmauer und ist schon 1335 erwähnt. Hier arbeitet Margarete Steiff an der Aussteuer von Hans und Melchior Hähnle.

Hähnle sind in Gedanken ständig bei ihrer »Woll-Filz-Manufaktur«. Sie haben kein anderes Thema bei Tisch, und deshalb sind sie nicht gerade die unterhaltsamsten Tischgenossen für die heranwachsenden Mädchen.

Im Winter wurde in der Stube genäht; da kamen die gefürchteten Herren Hans und Melchior zum Mittagessen. Das war mir immer eine schreckliche Zeit bis das Essen vorüber war.

Zu Hause in der Ledergasse muß Mutter Maria Margarete Steiff nun, seit ihre beiden ältesten Töchter in der Fremde sind, noch zusätzlich die Arbeit machen, die ihr die beiden Mädchen früher abgenommen haben.

Als die Schwestern fort waren, musste die liebe Mutter die Haushaltung, viel im Geschäft und mich versorgen. (...) Die Mutter hatte viel zu leiden unter bösen Füssen, da ist es ihr sehr sauer geworden, besonders da sie mich noch bedienen musste und absolut keine Hilfe nahm.

Die Gedanken der Mutter kreisen um die Zukunft. Würde Margarete später einmal bei einer der Schwestern unterkommen können, wenn die sich verheirateten? Maria Margarete Steiff ist zu dieser Zeit bereits Mitte Vierzig und gezeichnet von der vielen Arbeit. Das Leben einfach einmal zu genießen, davon hat man auf der Schwäbischen Alb Mitte der sechziger Jahre des 19. Jahrhunderts noch nichts gehört. Gar nichts zu tun ist für die Menschen, die unter solch harten Bedingungen aufwachsen, beinahe ein Ding der Unmöglichkeit.
Aus der körperlichen Anspannung der Mutter resultiert auch die Strenge, die sich gegen Margaretes Freiheitsdrang wendet. Doch Margarete nimmt nicht alles widerspruchslos hin. Das führt zu Reibereien und Auseinandersetzungen, denn Margarete ist genauso willensstark und zäh wie ihre Mutter. Und sie hat Verbündete, die Freundinnen, die Margarete aus der stickigen Stube abholen und sie abends auch dann versorgen, wenn die Mutter längst im Erschöpfungsschlaf liegt.

Die Freundinnen holten mich ab und machten mit mir noch eine Mondscheinpromenade. Die Mädchen brachten mich dann ins Bett und schlugen die

Im Giengener Rathaus ist zeitweise die Nähschule untergebracht, zu der sich Margarete Steiff nur zu gerne hinfahren läßt.

Haustüre zu. Dann war ich versorgt und hatte nach dem ewigen Stubensitzen doch auch etwas Luft geschnappt.

Die Mutter ist ohne Selbstmitleid. Sie hat gelernt, hart gegen sich selbst und andere zu sein. Zärtlichkeit stopft keinen hungrigen Mund. Und die hungrigen Mäuler der Kinder zu stopfen, darauf kommt es ja in erster Linie an. Margarete Steiff bejaht Arbeitseifer und Genügsamkeit auch in späteren Jahren:

Ich bin ihr zwar heute recht von Herzen dankbar, dass sie uns Arbeit und Genügsamkeit gelehrt hat und dass sie mich nicht verwöhnte, wie so häufig Mütter ihre leidenden Kinder verwöhnen und verzärteln.

Doch dann und wann ist das Alphabet der unermüdlichen Arbeit bis zur Erschöpfung und der Verzicht auf Lebensfreude selbst einer Kämpferin wie Margarete Steiff zuviel:

So musste ich mir eigentlich alles erkämpfen, denn die Mutter war entschiedene Feindin von jedem Vergnügen und jeder Erholung. Das stand einfach nicht in ihrem Wörterbuch, nur arbeiten und wieder arbeiten.

Dieser Fanatismus, der pausenlose Arbeit geradezu vergötzt, prägte weite Teile der Gesellschaft Württembergs. Wo gegen diese rigide Arbeitsmoral verstoßen wurde, konnte sie sogar zur Enteignung des Besitzes führen. Im sogenannten »Übelhäusererlaß« von 1781 wurde festgelegt, daß »wer seine Landwirtschaft schlecht betrieb, enteignet und zum Militär eingezogen werden konnte (sofern er unter 40 war); der Denunziant erhielt ein Drittel zur Belohnung (das sogenannte ›Anbringdrittel‹)«.[69] Die rigide Arbeitsmoral der Mutter ist also nicht der Spleen einer besessenen Arbeitsfanatikerin, sondern war in Württemberg gang und gäbe. In dieser Zeit besucht Margarete die Nähschule. Den Unterricht erteilt dort die Frau des örtlichen Zeichenlehrers August Friedrich Schelling.

Bei Frau Schelling konnte man alles lernen; Weiss-, Kleidernähen, Strikken, Häkeln, Sticken und alle Modearbeiten. Es ging nicht nach System und Schablone, aber gelernt wurde und fertiggebracht.

Noch lange, nachdem sie die Nähschule beendet hat, kommt Margarete Steiff immer wieder auf ein Schwätzchen vorbei.

Später befand sich die Nähschule im Rathaus an der südwestlichen Ecke zu ebener Erde. Da liess ich mich noch recht viele Jahre hinfahren, es war gar so schön dort.

Und es wird nicht nur fleißig genäht, sondern da werden auch Geschichten ausgesponnen:

Ich wusste viele Geschichten zu erzählen, oft so lange, die nicht an einem Nachmittag zu Ende kamen. Da hatte ich aufmerksame Zuhörerinnen, aber die Arbeit durfte nicht versäumt werden.

Leicht schleicht sich in das Bild der Nähschule wieder eine heimliche Idylle ein: Scherzworte fliegen hin und her. Fleißige Hände regen sich unermüdlich. Tausendundeine Geschichte wird erzählt. Doch auch dieses schöne Bild von fröhlichen, gemeinsam nähenden jungen Frauen, die ihre Arbeit freudig erfüllen, muß ergänzt werden. Handarbeit war mehr als eine weibliche Form der Geselligkeit, mehr als ein betuliches Pendant zum Stammtisch der Männer. Man traf sich in den Frauenzirkeln, tratschte und sang zwar, man amüsierte sich köstlich – aber immer war auch Arbeit zur Hand. Die Arbeit sollte zudem disziplinierend auf die Näherinnen einwirken, »gleichförmige Arbeiten wie Stricken, Stikken und Nähen sollten die Geduld fördern und verlangten beherrschte und ruhige Bewegungen. (...) Wurde zur Handarbeit gleichzeitig aus einem ›guten‹ Buch vorgelesen, so ließen sich Geist wie Körper gleichermaßen fesseln.«[70]

Das Nähen war deshalb nicht, wie man meinen könnte, allein ein reines Vergnügen und eine Aufbesserung des Familieneinkommens. Selbst der Staat mischte sich gezielt in die Näharbeit ein. Denn:

Die Ausbildung in weiblichen Handarbeiten ist der erste Schritt zur Sicherung der wirtschaftlichen Funktion der Familie wie zur Vorbereitung der Mädchen auf die Erwerbsarbeit. Ein preußischer Erlaß von 1861 verpflichtet die Kom-

munen, für ärmere Mädchen das Geld für die Lehrerin und die Materialkosten aufzubringen, wenn sie einen Unterricht in Nähen, Stricken und Stopfen erhalten.[71]

Nähen war also auch als eine Art soziale Vorsichtsmaßnahme gedacht. Und das war in Giengen nicht anders. Margarete sieht die Nähschule rundum positiv: »So habe ich bei Frau Schelling vieles lernen können, und es hat gar nichts gekostet.«
Die Frauen und Mädchen waren in dieser Zeit innerhalb der Familie und des Gemeinwesens in ihrer Bewegungsfreiheit stark eingeschränkt. Eine von den Männern beherrschte Lebenswelt bestimmte sämtliche Regeln.

Durch die Wahl ihres Ehepartners war einem Mädchen die einzige Möglichkeit gegeben, sich selbst zu definieren. Stellung und Persönlichkeit ihres Gatten boten das einzige Identifikationsschema und die Verbindung zur bürgerlichen Gesellschaft.[72]

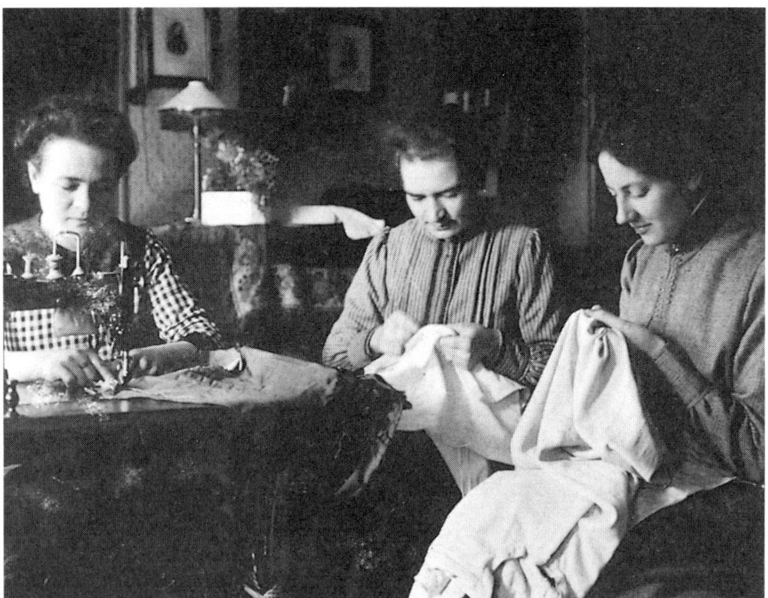

Herstellung und Instandhaltung von Bekleidung liegen im 19. und am Anfang des 20. Jahrhunderts in den Händen der Frauen.

Die dreifache »Bestimmung« der Frau als Hausfrau, Ehefrau und Mutter war zunehmend das ideale Bild, dem man nachzueifern hatte. Frauen, die sich diesem Idealbild nicht unterwarfen, wurden in der Gesellschaft des 19. Jahrhunderts eher geduldet und mißtrauisch beäugt als akzeptiert.

Wenn eine Frau auch von ihrem Mann abhängig war und rechtlich unter ihm stand, so konnte sie doch hoffen, daß sein Charakter das Leben an seiner Seite nicht mit der Unmündigkeit im Elternhaus vergleichbar machte. Einer unverheirateten Frau waren wesentliche Bereiche des Lebens verschlossen: Sie konnte sich nicht ungehindert in der Gesellschaft bewegen. Als alte Jungfer oder geduldete Tante fristete sie ihr Dasein innerhalb der Familie und mußte für ihren Unterhalt dankbar sein.[73]

Wer sich, wie Margaretes ledig gebliebene Tante Ursche, allein versorgen muß, ist deshalb auf jeden Kreuzer angewiesen. Von Tante Ursche konnte man das Sparen lernen. Wenn diese zu einem Ausflug aufbricht, so ist das deshalb immer eine »Kunstreise«.

Eine Kunstreise (...) insofern (...), als sie höchstens einen Gulden kostete und Tante neue Arbeiten lernte, zum Beispiel Perlschmissetten, Granatenarmspangen, Wollpulswärmer, Uhrentäschchen usw. Die Reise wurde mit einem Stück Brot in der Tasche zu Fuß gemacht, unterwegs bei Bekannten übernachtet, in Augsburg konnte sie bei Bekannten wohnen.

Wenn die Tante von Verwandtenbesuchen zurückkommt, dann weiß sie neue Kniffe, die ihr Margarete begierig abschaut.

Die neuen Arbeiten wurden möglichst ausgenützt. Auch ich durfte sie lernen und konnte manchen Gulden damit verdienen.

Eisern wird gespart, jede Reise ist dem Nützlichkeitsaspekt unterworfen. Die befreundeten Frauen tauschen sich aus, sie zeigen sich gegenseitig neue Handarbeitstechniken, die in der Heimatstadt noch nicht gängig, und dadurch etwas Besonderes sind. Diese Form der Heimarbeit ist oftmals die einzige Form des Broterwerbs unverheirateter Frauen.

Die Lebensperspektive von Margarete Steiff ist also in diesen Jahren alles andere als rosig. Ein Leben, wie es die meisten Frauen erwartet: Ein Mann, Heirat, Kinder – das ist nur ein Traum, ein Traum, den sie bestimmt häufiger geträumt haben mag, aber zugegeben hat sie das vielleicht gerade noch den Freundinnen. Vielleicht hat sie sich die Sehnsucht nach einem ganz »normalen« Leben aus Gründen der inneren Ruhe untersagt, so wie sie mit achtzehn Jahren auch die »Hoffnung auf Heilung« aufgibt, um Ruhe zu finden. Nie wird sie die Frau am Herd sein, die in der Versorgung von Ehemann und Kindern ihre ganze Erfüllung findet.

Jetzt versteht sie auch die Sorgen ihrer Mutter. Irgendwie muß Margarete es schaffen, allein durchzukommen, und wenn sich auch die ganze Welt verheiratet. Zäh, wie sie sein kann, macht sie sich an die Arbeit. Das »Wörterbuch« der Mutter hat sie nicht vergessen: »Nur arbeiten und wieder arbeiten.« Ihr Ehrgeiz ist geweckt, aber jeder Tag ist eine Tortur. Margarete kämpft gegen ihren Körper oder mit ihm. Irgendwie muß es gehen, auch wenn alles manchmal zum Verzweifeln ist. Wenn der Schmerz zu groß wird, packt sie die Wut, und dann möchte sie die Arbeit am liebsten in die Ecke werfen. Aber was soll sie machen? Nähen ist das einzige, was sie gelernt hat, das einzige, womit sich ihr Lebensunterhalt verdienen läßt.

Das Nähen ist mir aber auch sehr schwer gefallen. Der rechte Arm tat mir bei geringer Anstrengung weh, und links hatte ich kein Geschick. Ich hielt mich vielmehr ans Häkeln und sonstige leichte Handarbeiten.

Sogar das Häkeln, die gehaßte Arbeit aus Kindertagen, kommt wieder zu Ehren. Wie oft sie zähneknirschend: »Ich will! Ich will!« vor sich hingemurmelt haben mag – man kann sich die Willensanstrengung, die diese Arbeit Margarete kostet, nur schwer vorstellen. Wenigstens sind ihre Schwestern Marie und Pauline wieder aus der Fremde zurück. Jetzt können die täglichen Schwierigkeiten wieder gemeinsam in Angriff genommen werden. Aber auch die Schwestern wechseln merkwürdige Blicke, wenn ihrer Margarete wieder einmal etwas daneben geht. Margarete muß allein damit fertig werden. Auch mit ihrem Zorn. Da kann ihr niemand helfen.

Jugendbild von Margarete Steiff

Meinen beiden Schwestern habe ich viel Kummer gemacht, die waren so fleissig und geschickt, während ich alles verkehrt anfasste. Sie hatten schon die Hoffnung aufgegeben, daß ich je etwas Ordentliches im Nähen fertigbrachte, bis mir endlich der Ernst doch gekommen ist.

Maria Margarete und Bauwerkmeister Friedrich Steiff verhalten sich in Gelddingen anders, als man es in den meisten Familien in der Nachbarschaft gewohnt ist. Denn ihre Kinder müssen kein »Kostgeld« zahlen, oder gar das ganze selbstverdiente Geld bei den Eltern abgeben. Damit fördern sie die Selbständigkeit ihrer Töchter, denn die dürfen über das verdiente Geld frei verfügen und lernen auf diese Weise, mit Geld eigenverantwortlich umzugehen.

Wir Geschwister durften jeden Kreuzer behalten, so wuchs der Sparhafen langsam aber sicher. Der Verbrauch wurde auf ein Minimum eingeschränkt.

Gerade das Nötigste entnehmen sie ihrem Sparhafen, und die Freude ist groß, wenn er wieder ein klein wenig voller geworden ist. Manchmal spinnen sich die Schwestern Geschichten aus, träumen vom eigenen Geschäft.

Die erste Nähmaschine in Giengen, ein vielbestauntes Wunderwerk.

Die Schwestern arbeiten mit eiserner Disziplin. Mit der Zeit geht die Arbeit auch Margarete immer besser von der Hand. Und es gibt Neuigkeiten. Man erzählt sich von einer wahren Wundermaschine, die das Nähen unglaublich vereinfacht. Die Zeit ist reif. Nun greifen die Schwestern den Sparhafen an. Eine Nähmaschine, das ist eine Erleichterung für alle, und vor allem für Margarete, die sich noch immer schwer tut mit ihrem schmerzenden Arm.

Schon seit Mitte des 19. Jahrhunderts wurde die Mode bestimmt durch die Einführung und rasche Verbreitung der Nähmaschine.
Die erste brauchbare Nähmaschine war 1845 von dem amerikanischen Webergesellen Elias Howe erfunden und 1851 durch den deutschstämmigen Amerikaner J.M. Singer weiter entwickelt worden. 1862 entstand die erste europäische Nähmaschinenfabrik in Frankfurt/Main.[74]

Wahrscheinlich beziehen die Geschwister Steiff ihre Nähmaschine von dort. Es ist die erste Nähmaschine in Giengen, ein vielbestauntes Wunderwerk. Die Nähmaschine ist der reinen Handarbeit in Schnelligkeit und Präzision eindeutig überlegen. Damit besitzen die fleißigen Schwestern ein erstes eigenes »Produktionsmittel«, mit dem sie größere Stückzahlen in geringerer Zeit fertigen. Im Haus der Eltern beginnen die Steiffschwestern den Schritt in das selbständige Erwerbsleben.

Meine Schwester Pauline war so geschickt und fing zu Hause ein Putzgeschäft an; daneben wurden Kleider gemacht, wobei ich auch helfen konnte. Wir hatten die erste Nähmaschine hier. Nun ging es an ein strenges Arbeiten.[75]

Erstaunlich früh spüren die Geschwister Steiff die Möglichkeiten der neuen technischen Entwicklungen und nutzen sie konsequent für sich. Für die Schwestern Pauline und Marie ist die Näharbeit eine gute Möglichkeit, Geld für die Heirat anzusparen. Für Margarete aber bedeutet diese neue Arbeitsweise mehr als nur Geldverdienen. Die Nähmaschine bedeutet für Margarete eine echte Lebenschance. Damit hat sie eine bescheidene Möglichkeit, selbständig zu leben und zu arbeiten.
Margarete und ihre Schwestern haben auch bisher immer hart gearbeitet, nun aber, unter der steigenden Nachfrage – denn die Qualität ihrer

Arbeit spricht sich rasch herum – wird ihr Geschäft von einer Eigendynamik erfaßt, die den Geschwistern manches Opfer abverlangt. Wenn andere sich auf Festtage freuen, dann sitzen sie noch in der Stube und hetzen sich damit ab, die Aufträge noch rechtzeitig fertigzubringen.

Auf die Festzeiten hatten wir sehr viel zu tun und hörten oft den Jonathan oder den Ensle die Mitternachtsstunde ausrufen, oder unsere Glocke hat 2 Uhr geschlagen. Einmal an einem Pfingstfest gingen wir morgens um 6 Uhr ins Bett. Schwester Marie konnte nicht so lange aufbleiben, musste daher früher aufstehen und sie hat auch die Hausgeschäfte besorgt. Mir hat das viele Nähen und Arbeiten nicht geschadet, aber Pauline hat ihre Gesundheit dadurch ruiniert.

Die Zeit vergeht wie im Fluge. In der Ledergasse sitzt Margarete nun monatelang über Näharbeiten. Doch die Arbeit ist für die junge Frau nur das halbe Leben. Manchmal wird sie unruhig. Wenn sie aus dem Fenster blickt, träumt sie von einem unbekümmerten Dasein. Immer nur arbeiten, vier Jahre geht das nun schon so. Jetzt, mit beinahe achtzehn Jahren, drängt es die junge Frau noch mehr als früher, aus der Enge der Nähstube nach draußen zu kommen. Wenn es sich irgendwie einrichten läßt, ist sie nun unterwegs. Nachdem im August 1865 Margaretes Tante Susanna Hähnle, die jüngste Schwester ihrer Mutter, geheiratet hat und nach Bergenweiler umgezogen ist, findet man Margarete oft an diesem geruhsamen kleinen Ort an der Brenz. Die Achtzehnjährige ist gerne bei der Tante zu Besuch.

Dort gab es auch zu nähen und hat mich Onkel Joos des öfteren für ein paar Wochen geholt. Mir war jede Abwechslung sehr willkommen und ich freute mich stets auf die kleine Reise.

Margarete Steiff teilt häufig das Familienleben mit anderen Menschen. Weil sie oft unter »fremden« Dächern zu Gast ist, erlebt sie, wie unterschiedlich Menschen leben und denken. Sie ist ein gern gesehener Gast und wird oft von den Verwandten gebeten, bei Näharbeiten zu helfen, denn ihre sorgfältige Arbeit wird von allen geschätzt. Wenn sie jemanden besucht, bleibt sie meist gleich mehrere Tage oder Wochen. Das hat gute Gründe. Der Transport der behinderten jungen Frau ist sehr aufwendig, und deshalb lohnt sich der Besuch auf einen Sprung kaum. Wenn sie sich aber eine Reise in den Kopf setzt, können sie auch schwierige Umstände nicht abhalten.

Überhaupt war kein Weg zu weit und kein Berg zu hoch, wo ich nicht dabei gewesen wäre.

Die Gründung der »Woll-Filz-Manufaktur«

Während Margarete näht und manchmal von einer besseren Zukunft träumt, hat ihr Stiefcousin Hans Hähnle in Giengen schon lange begonnen, seine Träume in die Tat umzusetzen. Hans Hähnle war 1855 nach dem Abschluß seiner Färberlehre bei einem Giengener Tuchmacher im Alter von siebzehn Jahren auf Wanderschaft gegangen. Drei Jahre war er auf der »Walz« gewesen, bevor er wieder nach Giengen zurückkehrte. 1858 ließ er sich frühzeitig für volljährig erklären, in Württemberg erhielt man die Volljährigkeit sonst erst mit 24 Jahren zugesprochen. Im selben Jahr – zu diesem Zeitpunkt befand sich seine elfjährige Stiefcousine Margarete gerade in der »Herrenhilfe« – kaufte Hans Hähnle das »Giengener Wildbad« auf, dessen Badebetrieb sich nicht mehr rentierte. Für Hähnle ein glücklicher Umstand, denn er hatte die Idee zur Herstellung von Filzen und benötigte dazu jede Menge Wasser und Arbeitsräume. Oft hat Margarete Steiff die alten Badgebäude besucht und den Aufbau der Fabrik mitverfolgt. Tante Apollonia, die sehr an »ihrem« Stiefsohn Hans hängt, erzählt ihr ausführlich über den Fortgang des Betriebs, und daß Johann Jakob Hähnle, ihr Ehemann, manchmal nicht so recht an den Erfolg seines Sohnes glauben will. Margarete berichtet:

Meine Tante Apollonia, welche mit Begeisterung auf die Gründung eingegangen war, teilte uns stets ihre Sorgen und Kämpfe mit. Es war ein schwerer Anfang und überstieg fast die Kapitalkräfte der Familie Hähnle, aber mit zäher Ausdauer und unermüdlichem Fleiss kam das Werk doch zustande. (...) Als das sogenannte Wildbad angekauft war, wurden nicht alle Räume zur Fabrik genommen, sondern das Bad und die Wirtschaft wurden weitergeführt. Dadurch kam ich viel in das Bad und so nach und nach sah ich ein Kabinett ums andere schwinden, bis endlich beschlossen wurde, es ganz aus der Fabrik zu entfernen. Von da an ging das Geschäft mit Riesenschritten vorwärts.

Im Heidenheimer Handelsregister wird am 14. März 1866 der Eintrag »Württembergische Woll-Filz-Manufaktur Giengen« aufgenommen, die Hans Hähnle zusammen mit seinem Bruder Melchior gründet. Die Manufaktur ist Giengens erster Großbetrieb, und sie wird für Margaretes späteren Lebensweg von größter Wichtigkeit werden.
Während Hans Hähnle maschinell gefertigte Filze produziert, und versucht, sich in der Wirtschaftswelt gegen die Konkurrenz durchzusetzen, geht es bei Königgrätz und Tauberbischofsheim um ein Kräftemessen anderer Art. Der Kampf um die politische und wirtschaftliche Vormachtstellung in Deutschland wird im Krieg zwischen den Kontrahenten Preußen und Österreich mit Waffengewalt entschieden. Am 3. Juli 1866 erringt Preußen über Österreich in der Schlacht von Königgrätz

Hans Hähnle kauft das Giengener Wildbadgebäude und richtet dort seine Filzfabrik ein.

einen entscheidenden Sieg. Der Krieg betrifft nicht nur Österreich und Preußen, sondern auch das Königreich Württemberg. Denn Württemberg war 1866 strikt antipreußisch eingestellt und stand in diesem Krieg an der Seite Österreichs.

Unter schwarz-rot-goldenen Trikoloren marschierte das württembergische Kontingent, innerhalb des 8. Bundeskorps, in die Schlacht von Tauberbischofsheim am 24. Juli 1866 und wurde nach schweren Verlusten geschlagen.[76]

Hans Hähnle, ein Sohn des Klingelmüllers, gründet im Jahr 1858 als Zwanzigjähriger die Württembergische Wollfilzmanufaktur. Er wird später Reichstagsabgeordneter, erhält den Ehrentitel Kommerzienrat und ist Ehrenbürger der Stadt Giengen an der Brenz.

An diesem Tag wird Margarete Steiff neunzehn Jahre alt.

Der Siegeszug Preußens ist ein bedeutsames Vorzeichen für einen entscheidenden Wandel der deutschen Gesellschaft. Und in Frankreich betrachtet man den wachsenden preußischen Einfluß in Deutschland bereits mit Sorge.

Politik war Männersache. Frauen hatten da nicht mitzureden. Wählen durften sie ohnehin nicht, und auch sonst hatten sie in der Gesellschaft des 19. Jahrhunderts kaum Einfluß. Frauen sollten sich ausschließlich um den privaten Bereich kümmern. Um sich gegen die Männerwelt behaupten zu können, brauchte man als Frau eine starke Persönlichkeit. Wer sich durchsetzen wollte und einen eigenen Kopf beanspruchte, brauchte viel Energie. Und Margarete Steiff hatte sowohl Energie als auch Persönlichkeit. Gerade das Nesthäkchen im Rollstuhl rebelliert, wo die anderen Geschwister ergeben den Kopf senken:

Ich war nie so brav und folgsam gewesen wie meine Schwestern, es hiess oft die böse Gret.

Für Frauen im 19. Jahrhundert war dieses Verhalten eher ungewöhnlich. Aufschlußreich ist hier – vor allem in der Wortwahl und in der Art der Beschreibung – ein zeitgenössischer Rückblick der Schriftstellerin und Frauenrechtlerin Hedwig Dohm. Sie beschreibt die einschränkenden Auswirkungen der strikten Verhaltensregeln für Frauen:

Margarete Steiff, jung und hübsch. Ihre Behinderung ist auf diesem Bild nicht zu erkennen.

Mit unaussprechlicher Bitterkeit denke ich an jene Zeit physischer und geistiger Hemmungen zurück, die jedes begabtere weibliche Geschöpf, das geboren wurde, ein ganzer Mensch zu werden, zu einem automatenhaften Gebilde verkrümmten, zermürbten.[77]

Die Rede ist hier von gesellschaftlichen Zwängen, von versagten Lebensmöglichkeiten, von inneren Qualen. Margarete Steiff, die junge, gelähmte Frau im Rollstuhl, ohne Aussicht auf Ehe und gesellschaftliche Akzeptanz, muß diese seelische Form der Verkrümmung nicht in diesem Maße und in der Härte am eigenen Leib erfahren, wie viele ihrer Geschlechtsgenossinnen. Als Behinderte, als »Krüppel«, wie es damals hieß, steht Margarete am Rande der gesellschaftlichen Werteskala dieser Zeit, weil die Gesellschaft in ihren illustren Reihen keine behinderten Menschen haben will. Margarete Steiff muß ihre ganzen Fähigkeiten, ihre Gaben und Talente in die Waagschale werfen, damit sie sich überhaupt versorgen kann. Die einzige Möglichkeit, ihren Lebensunterhalt zu bestreiten, ist das Nähen. Es ist geradezu eine Ironie des Schicksals: Ihre Körperbehinderung verhindert paradoxerweise, daß sich Margarete Steiff von den gängigen bürgerlichen Werten, denen die Frauen dieser Zeit unterliegen, allzu sehr beeinflussen läßt. Das Gefühl der »Behinderung« ist immer auch ein Ergebnis von gesellschaftlichen Bewertungen und offensichtlich nicht naturgegeben.

Fünf Hochzeiten und ein Geburtstagsfest

Das Jahr 1870 ist in der deutschen Geschichte ein wichtiger Einschnitt. Auch für Margarete Steiff ist es ein ereignisreiches Jahr, obwohl sie sich um das preußische Gezänk mit Frankreich zunächst nicht allzusehr kümmert. Auf der Schwäbischen Alb hat man andere Sorgen als die Ränke der hohen Politik, anderenorts aber ist nichts wichtiger. Frankreich fürchtet seit dem Sieg der Preußen über Österreich im Jahre 1866 um seine Vormachtsstellung in Europa. Und Preußen betreibt eine ausgeprägte Machtpolitik, in der es zunehmend seinen Einflußbereich zu erweitern sucht. Ständig wachsen die Spannungen zwischen Preußen

und Frankreich. Diese entladen sich aggressiv bei den Streitereien um die Neubesetzung des spanischen Throns.
In diesem turbulenten Jahr heiratet Margaretes Schwester Pauline. Nach der Hochzeit lebt das Ehepaar Fritz und Pauline Röck, geborene Steiff, eine Zeitlang in Österreich. Fritz Röck ist bei der Firma Voelter in Heidenheim beschäftigt und richtet Maschinen ein.

Meine Schwester Pauline kam nach ihrer Hochzeit nach Österreich, wo Fritz Röck Holzschleifmaschinen für Christian Völter aufzustellen hatte.

Die Grundidee der Papierherstellung war so einfach wie genial, nämlich Holz mit Hilfe eines Schleifsteins unter reichlicher Wasserzugabe zu einem Holzbrei zu zermahlen. Die Gebrüder Voelter verfeinerten die Grundidee der Holzschlifftechnik und waren schließlich in der Lage, aus Holz rentabel und rationell Papier zu erzeugen. Zwischen 1867 und 1872 lieferten die Brüder Heinrich und Christian Voelter 136 Maschinenanlagen aus, nachdem Voelters Holzstoffmaschine auf der Pariser Weltaustellung von 1867 eine goldene Medaille bekommen hatte.[78]
Jetzt will alle Welt so etwas haben. Im Juli 1870 steht deshalb für Pauline und ihren Mann Fritz Röck wieder ein Ortswechsel an.

Nach kurzer Zeit wurde er nach Schweden geschickt, es war gerade z. Zt. der Kriegserklärung im Juli 1870. Kaum reichte es noch zur Reise. Kurze Zeit danach waren die Eisenbahnen alle mit Truppentransporten beschäftigt und wären weder Leute noch Gepäck befördert worden.

Preußen will einen Hohenzollernprinzen auf dem spanischen Thron, die Franzosen sind dagegen. Darüber kommt es zwischen beiden Ländern zum Krieg, denn weder Franzosen noch Preußen wollen in dieser diplomatischen Prestigefrage den Kürzeren ziehen. Die Militärs nutzen den für die wirtschaftliche Entwicklung des Landes schnell vorangetriebenen Eisenbahnbau für ihre Zwecke. Schnelle Truppenbewegungen auf der Schiene sind ein entscheidender Faktor ihrer Strategie.
Die Kriegserklärung Frankreichs an Preußen wird in ganz Deutschland empört aufgenommen. Nachdem die Württemberger noch 1866 mit Österreich erfolglos gegen Preußen gekämpft haben, stehen sie nur vier

Jahre später als Verbündete an deren Seite. Preußen hat gegen Frankreich zum ersten Mal auch die süddeutschen Staaten hinter sich. Auch aus Giengen werden Männer als Soldaten eingezogen. Das Königreich Württemberg ist auf einmal selbst Kriegspartei.

Die Giengener Reservisten und Miltitärpflichtigen rückten ein. Die württembergische Division wurde der dritten Armee unter dem Oberbefehl des preußischen Kronprinzen zugeteilt. Sie nahm an der Schlacht bei Wörth im Elsaß am 6. August 1870 teil.[79]

Mit dabei ist auch der 29jährige Adolph Glatz. Der Verlobte von Marie Hähnle ist wie Fritz Röck in der Papierfabrik Voelter in Gerschweiler beschäftigt, allerdings ist er Kaufmann und arbeitet in der Buchhaltung. Nun wird auch Margarete Steiff mit den Auswirkungen des Krieges konfrontiert. Denn Margaretes Cousine fürchtet um das Leben des Verlobten, und Margarete kümmert sich aufopfernd um die Freundin.

Als der Bräutigam von Marie Hähnle, Adolph Glatz, in den Krieg musste, blieb ich die meiste Zeit bei der verlassenen Braut.

Während die Männer im Krieg sind, wartet man zu Hause ungeduldig auf Post. Die Gedanken drehen sich wie das Mühlrad der Klingelmühle. Hoffentlich ist Adolph nichts passiert. Hoffentlich kommen alle heil zurück. Adolph Glatz und Marie wollen nämlich heiraten, aber jetzt ist der Verlobte im Krieg. Das Warten zerrt an den Nerven.
Doch trotz des Krieges und der dauernden Sorge um die Männer, nichts ist so wichtig, daß die Arbeit deswegen unterbrochen wird. Margarete Steiff ist in dieser schweren Zeit viel in der Klingelmühle. Die Frauen nähen trotz ihrer Sorgen weiter, als ob gleich die Tür aufginge und die Männer hereinkämen, wie nach Feierabend.
Solange Adolph Glatz im Krieg ist, wird er von seinem Neffen Julius Glatz in der Papierfabrik Gerschweiler vertreten. Neffe Julius ist fremd in Giengen und sucht deshalb Anschluß. Der junge Mann ist drei Jahre jünger als Margarete Steiff. Jeden Tag kommt der zwanzigjährige Julius auf einen Sprung bei den Hähnles vorbei. Jeden Tag wird gemeinsam zu Mittag gegessen.

Julius kam jeden Mittag nach Tisch pünktlich auf die Minute herein mit der Frage »Ist kein Brief da von Onkel« und dann unterhielt er uns aufs beste. Die Tante war oft ungehalten, weil wir bei der Unterhaltung oft das Nähen vergassen.

Margarete geht ins Pfarrhaus »ausnähen«. Von dem hochgelegenen Gebäude gibt es die Möglichkeit für eine rasante Talfahrt.

Auch Margarete erhält Post von ihrer Schwester Pauline, die in Schweden eine schwere Zeit durchlebt. Der Krieg belastet das Verhältnis der Schweden zu den Deutschen.

Von Schweden schrieb Pauline sehr interessante Briefe, sowohl von der Reise als vom Aufenthalt. Damals wurden die Deutschen in Schweden als Barbaren angesehen und gar nicht so gleichwertig geachtet. In Schweden hat Pauline ihr erstes Kind geboren und bald wieder begraben.

Noch nicht einmal zwei Monate währt der Krieg, als Frankreich am 2. September 1870 die entscheidende Schlacht von Sedan verliert. Der französische Kaiser wird gefangengenommen. Ganz Deutschland feiert überschwenglich diesen Sieg, der ein neues Kapitel deutscher Geschichte einleitet. Es gibt nach diesem überraschenden Erfolg keine Verhandlungen mit Frankreich. Die deutschen Truppen marschieren im Siegesrausch weiter bis nach Paris und schließen die Stadt ein.
Die württembergischen Truppen nahmen dann an den Kämpfen um Paris teil; »am 30. November und 2. Dezember waren sie es, die in der Schlacht bei Champigny-sur-Marne den Ausbruchsversuch der in Paris eingeschlossenen Franzosen, unter schweren Verlusten auf beiden Seiten, vereitelten.«[80]
Nachdem Frankreich den Krieg endgültig verloren hat, entsteht das Deutsche Reich. Die deutsche Einigung wird allerdings nicht von einer Nationalversammlung beschlossen, sondern sie ist ein Vertragsakt der Fürsten. Der Weg ist frei zu einer Reichsgründung »von oben« unter der

Vormacht Preußens. Im Spiegelsaal von Versailles wird am 18. Januar 1871 der preußische König Wilhelm zum Kaiser des Deutschen Reiches proklamiert. Das geeinte Deutschland, der Traum der Revolution von 1848, hat sich mit der Reichsgründung auf eine ganz andere Art und Weise erfüllt, als man es damals erwartet hatte.

War das Biedermeier gekennzeichnet durch die beschauliche Haltung eines mehr oder weniger selbstzufriedenen Mittelstandes, so sah die führende und bestimmende Gesellschaft des späten 19. Jahrhunderts anders aus. Die Milliarden, die der gewonnene Krieg von 1870/71 ins Land schwemmte, brachte die Gründung von Aktiengesellschaften, Banken – vor allem aber Großunternehmen mit sich, die die ehrgeizige Schicht der Neureichen dieser Gründerzeit emporbrachte.[81]

Die Wirtschaft boomte also im Aufschwung dieser »Gründer«-Jahre. Und in Giengen? Der 70er Krieg hat glücklicherweise nur ein einziges Todesopfer gefordert. Für Marie ist Gott sei Dank alles gut ausgegangen. Denn der Fähnrich Adolph Glatz, Maries Bräutigam, kommt aus dem Krieg gesund nach Hause, und Margarete freut sich mit ihnen.

Als nach banger Zeit die Truppen heimkamen, war grosser Jubel, besonders bei der Braut. Es folgte nun eine besonders glückliche Zeit für das Brautpaar.

Am 26. September 1871 läuten in der Stadtkirche zu Giengen die Hochzeitsglocken. Aber nicht nur für Adolph und Marie.

Im Herbst 1871 war dann die Doppelhochzeit von Hans und Lina Hähnle, Adolph Glatz und Marie Hähnle.

Der Filzfabrikant Hans Hähnle heiratet seine zwanzigjährige Cousine Lina. Und Margaretes Cousine und Freundin Marie heiratet den Mann, der bald der engste Geschäftspartner von Hans Hähnle werden wird. Adolph Glatz kommt ursprünglich aus der Papierbranche. Mit Filzen hat er deswegen zu tun, weil auch in der Papierherstellung hochwertige Filze gebraucht werden. Nach seiner Heirat mit Marie Hähnle steigt

Adolph Glatz in das Unternehmen seines Schwagers Hans mit ein. Die enge Verbindung zur Familie Glatz ist für Margarete Steiff außerordentlich wichtig. Denn durch die Freundschaft mit Adolph Glatz werden die bestehenden Verbindungen zur »Württembergische-Wollfilz-Manufaktur« noch weiter vertieft.

Margarete Steiffs Nähkünste haben sich in der Zwischenzeit herumgesprochen. Für die Familie des Stadtpfarrers Gros näht sie wieder eine Aussteuer. Die Frau Stadtpfarrer »liess (...) mich alle Tage holen und ich durfte die Aussteuer der Tochter Tusnelde machen helfen. Es war mir ganz neu, in einer fremden Familie zu sein und brachte mir viel Genuss und Anregung. Daneben gab ich Zitherstunden und musste deshalb an bestimmten Tagen nach Hause«.

Wenn sich Margarete etwas verspätet hat, weil sie wieder einmal mit dem Erzählen ihrer Geschichten nicht zu Ende kommt oder wenn sie sich den Wind um die Nase wehen lassen will, dann rauscht die 23jährige mit ihrem Rollstuhl rasant bergab. »Ich war sehr waghalsig und gar nicht ängstlich im Fahren und ließ mich an einem Mittwoch von Paul Gros heimfahren.« Paul soll steuern. Er »durfte sich mit meiner Erlaubnis hinten auf meinen Wagen stellen, so sauste das Fuhrwerk von der Stadtpfarrei an, am Rössle vorbei, die Niedere Gasse hinunter. Unten ereilte mich jedoch die Strafe für meine Frechheit, der Wagen stürzte um, ich fiel heraus und brach den linken vorher ganz lahmen Fuss, auch das Gesicht hatte ich stark verfallen«.

Solche Eskapaden scheint Margarete nicht zum ersten Mal unternommen zu haben, eher war diese »Höllenfahrt« wohl ein bekanntes Bild für die braven, kopfschüttelnden Giengener Bürger:

Überdies hatte es mein Bruder schon oft so gemacht die Steigen herunter, dass er sich hinten aufgestellt hatte, er hatte aber das Fuhrwerk besser in der Gewalt als der kleine Bube.

Der Eigensinn von Margarete Steiff scheint stadtbekannt gewesen zu sein: »Die Leute, welche mich aufhoben, machten mir gewaltige Vorwürfe: ›So hat's kommen müssen, Du lässt Dir ja nichts sagen‹.« Dann gibt sie eine Begründung für die rasante Fahrt, die viel über ihre Sehnsüchte verrät, über die sie sich sonst ausschweigt: »... aber es war halt

so schön, auch einmal schnell vorwärts zu kommen.« Margarete zieht ein lapidares Resümee dieses Sturzes: »Ich hatte ordentlich Schmerzen auszustehen. Als ich wieder genesen war, konnte ich meine Arbeit im Pfarrhaus wiederaufnehmen und zu Ende führen.«
Im Jahr 1873 denkt nun nach Pauline auch Marie Steiff ans Heiraten. In dieser Zeit hadert Margarete oft mit ihrem Schicksal. Sie muß trotzdem akzeptieren, daß die Schwestern diesmal für immer aus dem Haus gehen, und sie muß einsehen, daß sie nicht wiederkommen. Margarete muß jetzt ihr eigenes Leben führen. Wie einst zur Zeit ihrer Konfirmation bleibt ihr nur noch der Bruder Fritz. Doch auch er denkt daran, eine Familie zu gründen. Die Heirat der Schwestern stellt Margarete von Heute auf Morgen vor die Frage, wie sie in Zukunft als alleinstehende Frau ihr Leben meistern kann.

Als meine Schwester Pauline sich im Jahr 1870 verheiratete, Marie 1873 (...) war es mir ein wenig bang, was nun aus mir werden sollte.

Nun sind alle Kinder der Bauwerkmeisterfamilie Steiff flügge geworden und gehen ihre eigenen Wege – alle, bis auf eine. Nur Margarete ist noch übriggeblieben.
Als Margarete Steiff am Morgen des 24. Juli 1874 die Augen aufschlägt, ist ein besonderer Tag für sie – es ist ihr 27. Geburtstag. Aber an diesem Geburtstag ist die Stimmung in der Ledergasse ganz anders als sonst. Die Eltern haben beste Laune, sind für ihre Verhältnisse beinahe ausgelassen. Überhaupt war der Vater in letzter Zeit oft in Gedanken gewesen. Manchmal tat er so geheimnisvoll, und Margarete hat ihn zeitweise kaum zu Gesicht bekommen. Der Geburtstagstisch sieht nicht gerade üppig aus – da liegt bloß ein gefaltetes Stück Papier. »Es ist eine Überraschung«, sagen die Eltern. Margarete versteht nicht, faltet das Papier auf. Es ist eine einfache Zeichnung: »Ansicht von der Ledergasse« steht darüber, und ein Lageplan ist eingezeichnet. Margarete begreift nicht gleich, sieht fragend die Eltern an. »Für dich«, sagen die Eltern. »Arbeits-Zimmer« steht da, »Zimmereinrichtung bei F. Steiff, Werkmeister.« Es ist ein Bauplan; er ist datiert auf den Geburtstag von Margarete. Keiner hat ihr etwas davon gesagt. Margarete ist sprachlos, und das, so wissen alle, kommt selten genug vor. Bis zu diesem Tag hat sie manchmal keinen Rat gewußt, was weiter aus ihr werden soll. Und jetzt bekommt sie

von der Familie eine eigene Wohnung geschenkt – sie ist damit endlich unabhängig, hat endlich einen Ort ganz für sich und damit ein Privatleben. Und dann gibt es sogar noch etwas: einen eigenen Arbeitsraum. Ein eigenes Geschäft, das ist endlich eine Möglichkeit, wirtschaftlich auf eigenen Füßen zu stehen.

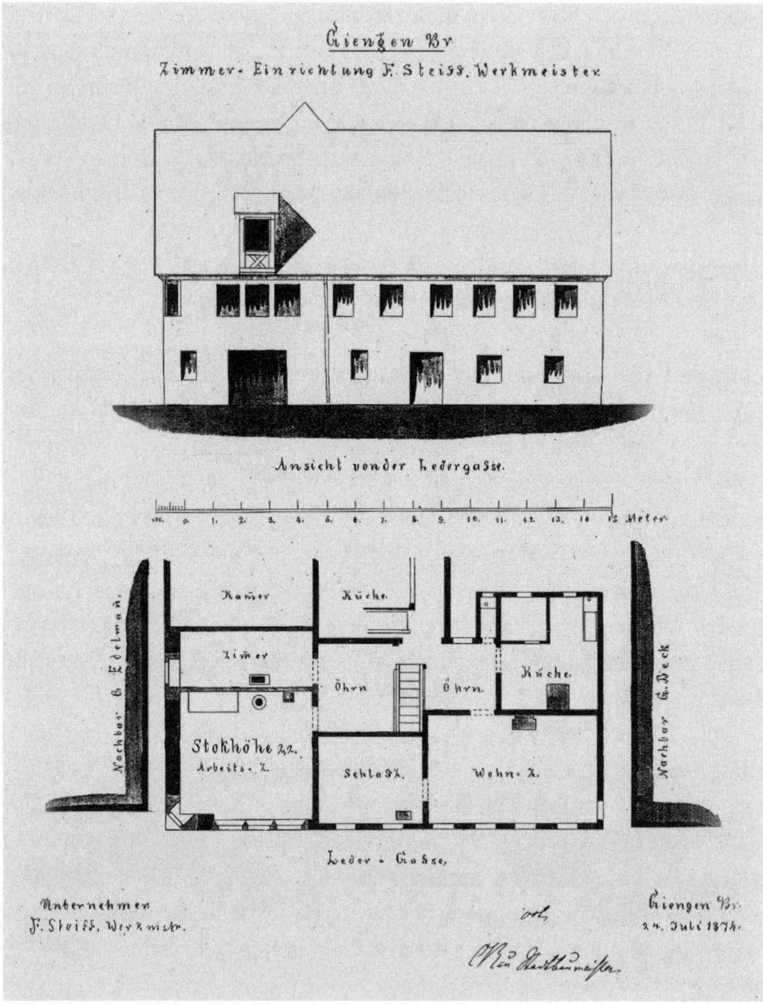

Im Jahre 1874 gestaltet der Vater Friedrich Steiff sein Haus um und baut unter anderem im ersten Stock ein Arbeitszimmer als Schneiderei ein.

»Bald bauen wir um«, sagt der Vater, und die Mutter lächelt endlich einmal richtig zufrieden. Drei Wochen später stellt Bauwerkmeister Friedrich Steiff ein Baugesuch und erhält kurz darauf vom Gemeinderat die Genehmigung:

Zur Erstellung von zwei heizbaren Gelassen nebst zugehörigem Kamin, sowie zu Änderung resp. Einrichtung von Fenstern in der Aussenwand seines Wohnhauses in der Ledergasse.[82]

Am 10. November 1874 heiratet Margaretes Bruder Fritz. Er ist inzwischen selbst Bauwerkmeister und wandelt in den Fußstapfen des Vaters. Nach der Heirat mit Anna Böckh verläßt auch er das Haus der Eltern in der Ledergasse. Margarete Steiff lebt nun dort allein mit ihren Eltern, aber sie lebt und arbeitet wenigstens in den eigenen vier Wänden.

Von der Nähstube zum »Filzkonfektionsgeschäft«

Nach dem Umbau bezieht Margarete Steiff ihren neuen Arbeitsraum und eröffnet ein kleines Nähgeschäft. Sie hat im ersten Stock des Hauses in der Ledergasse jetzt endlich eine richtige Schneiderei: ihr eigenes, kleines Reich. Dort näht sie zunächst für Verwandte und Bekannte Weißzeug, Kinderkleidung, alles, was eben so anfällt. Wie schwer das Nähen für Margarete Steiff gewesen sein muß, kann man sich gar nicht recht vorstellen. Mit ihrem beeinträchtigten rechten Arm läßt sich das Schwungrad ihrer Nähmaschine nicht richtig antreiben. Aber sie ist findig:

Inzwischen hatte ich entdeckt, daß ich eine Nähmaschine mit der linken Hand treiben konnte, indem ich sie verkehrt vor mich nahm.

Eigentlich ein simpler Trick – für Margarete aber »eine große Errungenschaft«.
Der Wohlstand im Kaiserreich wächst. Jetzt stellt man nicht mehr alles selbst her, sondern kauft das Nötige ein oder läßt es bei begabten Nähe-

rinnen fertigen. Ständig wächst der Bedarf nach hochwertiger, kostengünstiger Ware von der Stange. Moderne Kleidung konnte nun auch von weniger wohlhabenden Bürgern bezahlt werden.[83] Die bürgerliche Gesellschaft wandelt sich mehr und mehr zur Konsumgesellschaft, wie wir sie heute kennen.

Diese »Demokratisierung« der Mode wirtschaftlich zu nutzen, bedeutete einen neuen Markt zu erschließen. Das weiß man auch in Giengen. Margarete Steiff nutzt diese Entwicklung, und sie hat damit zum ersten Mal so etwas wie einen »Beruf«. Viele typische Frauenberufe wie Schneiderin, Weißnäherin usw. entstehen in dieser Zeit.
Für Margarete Steiff bringt der neue Trend zur Mode einen wachsenden Kundenkreis. Längst näht sie nicht mehr bloß für Verwandte oder Bekannte. Schnell spricht sich herum, daß sie gute Arbeit leistet.

Meine Kundschaft hatte sich nach und nach sehr vermehrt. Ich musste auch moderne Kleider machen.

Margarete ist dreißig Jahre alt, als sie 1877 in ihrem Elternhaus in der Ledergasse 26 ein Filzkonfektionsgeschäft eröffnet.

Häufig wird von den neuen Möglichkeiten gesprochen, die sich durch Konfektionswaren eröffnen, wenn Margarete Steiff ihre Cousine Marie und deren Mann Adolph besucht. Adolph Glatz verfügt über alle nötigen Informationen und Verbindungen. Er kennt die Marktlage genau, und er ist sich sicher, daß das Filzgeschäft Zukunft hat.
Adolph Glatz und Hans Hähnle haben weitreichende Pläne. Sie streben an, mit ihrer »Woll-Filz-Manufaktur« Marktführer zu werden. Und auch an einem branchenübergreifenden Absatzmarkt ihrer Filzprodukte sind sie interessiert.
Anfangs produzierte die Giengener Filzfabrik Hutfilze, bis es gelingt, auch den Schuhmarkt für den Absatz der Filze zu öffnen.[84] Der nächste Schritt des Unternehmens bestand folgerichtig darin, den neuen Modetrend zu nutzen, nicht nur Filze für Hüte und Pantoffeln herzustellen, sondern auch als Zulieferer im Bekleidungsmarkt Fuß zu fassen. Deshalb arbeitete man in der Giengener Filzfabrik fieberhaft daran, möglichst hochwertigen Filz zu produzieren. Dieses Ziel rückt näher, und Margarete Steiff berichtet:

Der Filz wurde inzwischen immer vollkommener und konnte für Kleider verwendet werden.

Wenn Adolph Glatz mit Margarete Steiff über die Verwendungsmöglichkeiten von Filzen für Bekleidung fachsimpelt, kann er die intelligente und zielstrebige Cousine seiner Frau Marie nur bewundern. Glatz weiß, welche Chancen für Margaretes kleine Firma in einem größeren Kundenkreis und überregionalen Verkauf liegen können. Darüber wird nachgedacht, Pläne werden geschmiedet und Kalkulationen werden erstellt. Adolph Glatz rät Margarete Steiff zu einem Einstieg ins Filzgeschäft, und sie läßt sich von ihm überzeugen. Nun setzt die mittlerweile dreißigjährige Jungunternehmerin das ersparte Kapital zur rechten Zeit ein: Sie gründet ein Konfektionsgeschäft für Filzwaren im Haus der Eltern.

Im Jahr 1877, als ich es durch verschiedene Handarbeiten zu einigen Ersparnissen gebracht hatte, wagte ich mit Hilfe und Zuspruch von Adolph Glatz, ein Filzkonfektionsgeschäft auf eigene Rechnung zu betreiben. Zuerst arbeitete ich nur für Sigle in Stuttgart.

Christoph Sigle betreibt ein »en gros-Geschäft in Schuhwaren und Filzen«.[85] Dort werden Margaretes Filzprodukte präsentiert, es werden Aufträge und Bestellungen angenommen und nach Giengen an ihr Filzgeschäft weitergeleitet.

Das ist für Margarete Steiff ein entscheidender Schritt, um ihr Angebot an Filzartikeln auch überregional bekannt zu machen. Margaretes Auswahl zeigt den Kunden beispielhaft, was man mit den hochwertigen Giengener Filzen alles herstellen kann.

Der mutige Sprung vom reinen Nähgeschäft in das neue Filzgeschäft ist die Voraussetzung für den Erfolg ihres kleinen Unternehmens. In Giengen – mit der »Woll-Filz-Manufaktur« in allernächster Nähe – verfügt Margarete Steiff über einen wichtigen Vorsprung. Sie bekommt von der Filzfabrik schnell die neuesten Angebote, und sie hat keine langen Bezugswege. Deshalb ist sie in der Lage, auch kurzfristig größere Stückzahlen nach Stuttgart zu liefern. Alles in allem verfügt sie – wie man heute sagen würde – über wichtige Standortvorteile. Denn Margarete Steiff ist »seit der Zeit des Entstehens der Filzfabrik (...) aufs innigste damit verbunden«. Diese Beziehungen sind für sie nun von unschätzbarem Vorteil. Außerdem kann sie mit ihrem Filzwarenangebot rechtzeitig auf den Trend zur erschwinglichen Konfektionsware reagieren. Sie stellt vom Kaffeewärmer bis zum Filzunterrock alles her. Da die Nachfrage nach Filzwaren ungeheuer steigt, kommt sie mit dem Nähen bald nicht mehr nach.

Ich machte gleich im ersten Jahr ein gutes Geschäft und konnte mehrere Personen beschäftigen. Das Kleidernähen durfte ich aber nicht aufgeben, man hätte die lieben Basen und Freundinnen zu unglücklich gemacht, wenn ich ihnen nicht ihre Garderobe anfertigte und ihre Kinder kleidete.

Margarete Steiff, bis vor kurzem selbst noch Heimarbeiterin, kann bald schon ihre erste Arbeitskraft einstellen: Aus der fleißigen Näherin wird eine erfolgreiche »Chefin«.

Zu der Zeit, als Margarete Steiff ins Filz-Konfektionsgeschäft einsteigt, werden zwischen 1876 und 1878 ihre Neffen Paul, Richard und Franz Steiff geboren. Die Söhne von Margaretes Bruder sind oft bei ihr im Haus, und sie nimmt sich viel Zeit für die Neffen, die so mit dem Filzgeschäft ihrer Tante aufwachsen.

»Arbeiten, arbeiten, nichts als arbeiten« – damit ist Margarete Steiff groß geworden, doch für sie gibt es noch andere wichtige Dinge. Arbeit, das ist für sie nur das halbe Leben. Endlich kann sie sich ein paar Wünsche erfüllen. Das Konfektionsgeschäft läuft gut, außerdem sieht ihr Bruder Fritz dort nach dem Rechten.

Das sehr wahre Sprichwort »Der Mensch treibt just das am gernsten, wozu er am wenigsten Beruf hat«, habe ich deutlich illustriert, in dem ich zu gerne reiste.

Reisen ist für Margarete Steiff eine willkommene Abwechslung, und so besucht sie zunächst die Verwandten in Geislingen. Doch das Reisen ist in dieser Zeit noch unbequem genug.

Der Wagen war durch Botenfuhrwerke vorausgeschickt und kam demoliert in Geislingen an. Der Schaden wurde schnell ausgebessert, und es hat mir bei den Lieben sehr gut gefallen.

Diese erfolgreiche Generalprobe ermutigt Margarete zu weiteren Reisen, und so ist sie von nun an häufig unterwegs, besucht Verwandte, Freun-

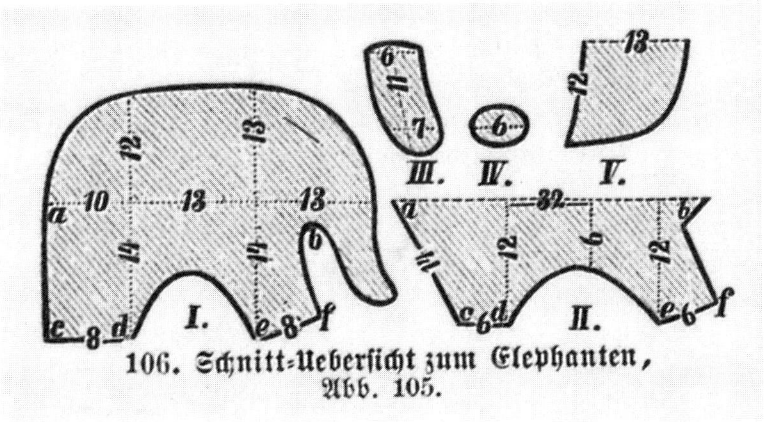

Die Frauenzeitschrift »Modenwelt« veröffentlicht in ihrer Ausgabe vom 8. Dezember 1879 den Schnitt und die Fertigungsanweisung für einen Spielzeugelefanten.

de und Bekannte, und wenn sie schon einmal da ist, bleibt sie meist etwas länger, denn immer ist sie ein gerngesehener Gast.
Viel Zeit verbringt sie mit Marie, ihrer Cousine, und deren Mann Adolph.

Die zweite Reise war mit Adolph Glatz und seiner jungen Frau nach Neckarsulm. Ich hatte mich nämlich mit der sehr liebenswürdigen Familie Glatz gut angefreundet. Das waren ganz andere Leute als man in unserer Familie gewohnt war, wo man immer nur Sorgen und Arbeit hatte und sich kaum seines Lebens freuen durfte. Dort in Neckarsulm war es wunderbar gemütlich und blieb mir dieser Aufenthalt eine liebe Erinnerung.

Um die Bedürfnisse ihrer Kundschaft in Giengen und in Stuttgart richtig einschätzen zu können, bezieht Margarete Steiff das renommierte Journal »Die Modenwelt«.
Modejournale gibt es in Deutschland seit 1850. Sie hatten einen enormen Einfluß auf die Modeentwicklung. Denn sie zeigten den Frauen im Kaiserreich, was in den Zentren der Welt gerade modern war, und sie lieferten auch Anleitungen für Handarbeiten sowie Schnittmuster zum Selbstschneidern von Kleidung.
Als Margarete Steiff in der Dezemberausgabe der Modenwelt von 1879 blättert, sieht sie neben einem »Nubier aus Backpflaumen« und anderen Weihnachtsbasteleien einen »Elephanten aus Stoff. Als Spielzeug«. Der Elefant wird beschrieben als »ein hübsches, von den ›Kleinen‹ gewiß mit Jubel begrüßtes Spielzeug, das von den Tanten und Müttern für ihre Lieblinge unschwer anzufertigen ist.«[86]
Dieser Elefant wäre doch eine nette Geschenkidee für die Nichten und Neffen. Die Zeitschrift empfiehlt für die Fertigung des Elefanten:

67 Centimeter grauer Futterbarchent, etwa ein Kilo Werg, 1 Stückchen farbiges Tuch oder Kaschmir (für die Schabracke); ferner zwei je 10 Centimeter lange, weiße knöcherne Stricknadeln, zwei schwarze Porzellanknöpfe, farbige Seide.[87]

Barchent, ein einseitig gerauhter, baumwollener Wäschestoff, wird also für die Elefantenhaut empfohlen, und das Werg soll zum Stopfen des Spielzeugtieres dienen. Werg, die Abfälle von Flachs oder Hanf, verwendet man zu dieser Zeit als Polstermaterial für Sessel. Diese harte Füllung erscheint Margarete Steiff für ein Kinderspielzeug ungeeignet, ein weicheres Material müßte es sein. Und auch die Elefantenhülle aus Baumwollstoff sagt ihr nicht so recht zu. Wenn sie aber Filz zum Stopfen verwenden würde? – Zum Stopfen und auch für die Hülle. Natürlich, das war's: der Filz! Dadurch würde der Elefant weich, und er wäre trotzdem unverwüstlich. Margarete Steiff kennt ihren Giengener Filz genau. Und sie macht sich an die Arbeit.

Kurz vor Weihnachten des Jahres 1880 entsteht in der Schneiderei von Margarete Steiff der erste Elefant aus feinstem Filz.

Zu dieser Zeit kam mir ein Muster von einem Elefanten in die Hände. Filz eignete sich sehr gut dazu, zur Ausfüllung wurde die schönste Schwerwolle verwendet. Nun wurden die Kinder der Familie damit beschenkt und Proben gemacht von verschiedenen Größen.

Ein kleiner Schritt für eine geübte Näherin, aber ein großer Schritt für die Spielwarengeschichte. Da sitzt eine junge Frau im Rollstuhl und näht, einfach so ganz nebenbei, mit ihrem kleinen Filzelefanten ein erstes weichgestopftes Spielzeugtier und damit ein echtes Schmusetier. Der Elefant in der »Modenwelt« dagegen »steht so sicher, daß er auch als Fußbank verwendet werden könnte«.[88]

Zunächst fällt niemandem auf, was für eine grandiose Idee die weiche Füllung von Margaretes Elefanten ist. Für die Kinder sind sie tolle Stofftiere, mit denen alle spielen wollen, und für die Frauen einfach nette originelle Nadelkissen, etwas Besonderes, das nicht überall zu haben ist. So entstehen die ersten »Steifftiere« – als Geschenk für Kinder, Verwandte und Freunde. Doch die künftige Königin der Spielzeugtiere verkauft zunächst weiter ihre bewährten Filzkonfektionswaren und schenkt der ersten »Schöpfung« ihres Spielzeugtierreiches keine größere Beachtung. Dabei hat die 32jährige Margarete Steiff gerade ihren »Glückselefanten« genäht, denn durch die Filztiere wird ihr Leben noch einmal völlig verändert.

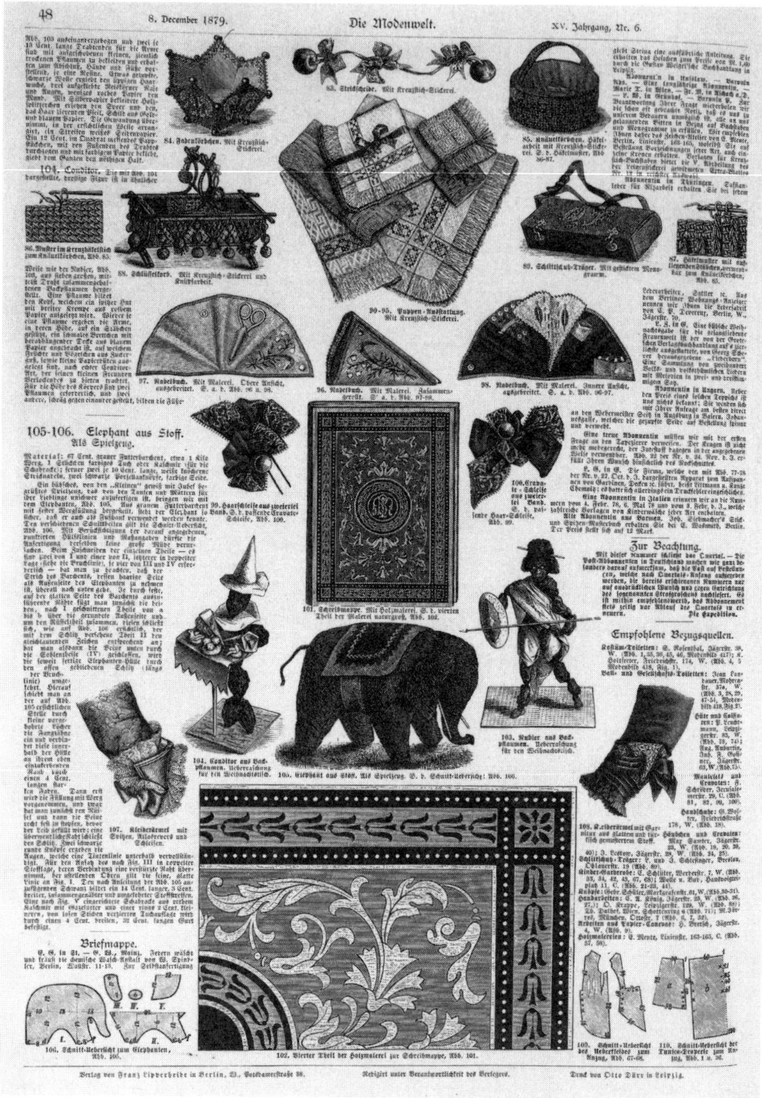
48 8. December 1879. Die Modenwelt. XV. Jahrgang, Nr. 6.

104. Conditor.

105-106. Elephant aus Stoff. Als Spielzeug.

Zur Beachtung.

Empfohlene Bezugsquellen.

Briefmappe.

Seite aus der »Modenwelt«, auf der neben dem Spielzeugelefanten auch andere Handarbeiten beschrieben und abgebildet sind.

»... und dann und wann ein Elefant«

Nachdem Margarete Steiff Weihnachten 1879 im Kreis der Familie verbracht hat, reist sie im Februar mit ihrem Bruder Fritz nach Hörbranz. Das Filzgeschäft läuft gut, alles ist bestens organisiert, also nimmt sie sich Zeit für ihre Freunde.

Es ging jedoch nicht so streng, so dass ich schon für einige Monate abkommen konnte.

Dort in Hörbranz lebt die Familie Glatz, seit Adolph Glatz die dortige Filiale der »Woll-Filz-Manufaktur« leitet. Von Februar bis Juni 1880, ganze fünf Monate, ist Margarete bei ihnen.

Als die Familie Glatz nach Hörbranz versetzt wurde, durfte ich im Februar 1880 mit meinem Bruder dorthin reisen. Da der Bodensee in dem vorhergehenden kalten Winter gefroren war und damals noch keine Schiffe fahren konnten, so reisten wir über Kempten, usw. Nun war mir auch Gelegenheit geboten, das Gebirge und den See zu sehen.

Natürlich bleibt sie auch in Hörbranz nicht untätig. Kinder brauchen immer etwas zum Spielen und zum Anziehen.

Auch das Jahr darauf, als die Familie Glatz nach Lindau am Bodensee umzieht, ist Margarete mit dabei, und wieder bleibt sie monatelang bei den Freunden.

Im nächsten Jahr darauf durfte ich wieder dort hin und war bei dem Umzug nach Lindau. Ich habe bei der Familie Glatz sehr viel genossen, wie schön waren nur die Wagenfahrten um den See.

Als Margarete Steiff vom Bodensee wieder nach Giengen zurückkehrt, fertigt sie mit ihren Mitarbeiterinnen wie gewöhnlich Filzunterröcke, Kindermäntel usw. Das Leben geht seinen gewohnten Gang. Und nur gelegentlich näht Margarete einen ihrer Filzelefanten.

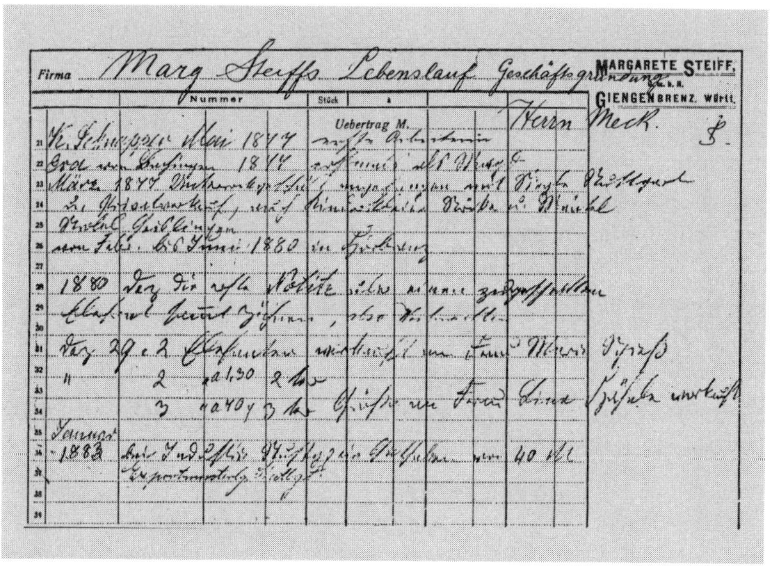

Wiedergabe einer Notiz von Paul Steiff:
Marg. Steiffs Lebenslauf Geschäftsgründung.
Herrn Meck PS
K. Schnapper Mai 1877 erste Arbeiterin
Eva von Bächingen 1877 erstmals als Magd
März 1877 Unterrockgeschäft angefangen mit Siegle Stuttgart u. Privatverkauf, auch Kinderkleider Röcke u. Mäntel
Strobel Geislingen
von Febr bis Juni 1880 in Hörbranz
1880 Dez. die erste Notiz über einen zugeschnittenen Elefant samt Zähnen, also Weihnachten
Dez. 29. 2 Elefanten verkauft an Frau Maria Spieß
„ 2" a 1.30 2 ter
3" a 70 3 ter Größe an Frau Lina Hähnle verkauft

Zu Weihnachten 1880 verkauft Margarete die ersten Exemplare ihrer Filzspieltiere. Fünf an Lina Hähnle von der Filzfabrik und zwei an Marie Spieß, die Frau des Giengener Apothekers. Und die kleine Elefantenherde, die Margarete eher nebenbei angefertigt hat, verläßt die Ledergasse und wandert unter den Weihnachtsbaum.

Als Geschenke bereiten die Tiere Kindern eine große Freude, aber sie in größeren Stückzahlen zu produzieren und als Spielwaren zu verkaufen, daran denkt Margarete Steiff noch nicht. Im Jahr 1881 näht Margarete Steiff nur 18 Stück und noch 1882 entstehen bloß ganze 11 Exemplare. Trotzdem verfolgt sie seit 1879 aufmerksam die weiteren Bastelanleitungen in der »Modenwelt«. Denn immer wieder einmal gibt es dort ein neues Tier, das sie dann auf ihre eigene Art und Weise in Filz übersetzt und zum Verkauf anbietet. Die »Modenwelt« veröffentlicht »1881 einen Bären mit Bärenführer, 1882 einen Pudel, 1883 einen Esel, 1888 einen Affen, 1890 Kamel und Löwe, 1891 Lamm mit gehäkeltem Fell, 1892 Papagei im Ring, 1897 einen Ochsen und 1898 einen Terrier«.[89]

Preis-Liste
des
Filz-Versandt-Geschäfts
von
Gretchen Steiff
in
Giengen a. Brz.

Garantirt reinwollene Produkte
der
Vereinigten Filzfabriken.

Das neu gegründete Filzversandgeschäft von Gretchen Steiff wirbt mit einem ersten Katalog um Kunden.

In dem kleinen »Filz-Versand-Geschäft« entstehen die Filzelefanten und ihre Genossen lange Zeit neben dem eigentlichen Hauptgeschäft. Aber wenn Margarete Steiff so ein Tier verkauft, sind ihre Kunden begeistert. Vielleicht sollte man die Filztiere doch ins Verkaufsprogramm aufnehmen? Manchmal fragen jetzt sogar schon Leute an, die bei den Nachbarn so einen Elefanten gesehen haben. Auch ihr Bruder Fritz begeistert sich für die Spieltiere. Gemeinsam mit ihm denkt Margarete darüber nach, wie man die Tiere so gestalten

Ab 1886 gibt es bei Steiff Reit- und Fahrtiere mit stabilen Gestellen aus Holz oder Eisen.

kann, daß die Kinder noch mehr Spaß beim Spielen haben. Da gibt es doch diese Holzpferde auf Rollen? Oder auch Pappmaché-Kühe? Und wenn man nun versuchte, auch die neuen Filzelefanten auf solche Rollen zu montieren?

Bruder Fritz entwickelt ein zunächst hölzernes, später eisernes Gestell, das den Körpern Halt gibt. Neue Spieltiere kommen hinzu, die Herstellung von Reit- und Fahrtieren beginnt.[90]

Auch bei Hans Hähnle und Adolph Glatz mit ihrer »Woll-Filz-Manufaktur« geht es voran. Sie streben eine möglichst starke Unternehmenskonzentration an. Zu den Filialen in Hörbranz und Brünn in der Donaumonarchie kommt die »Manufacture des Feutres de Reims« in Frankreich hinzu. Später werden weitere Fabriken angekauft und zwar in Lambrecht, Neidenfels, Augsburg, Wasserburg und Fulda. Nach dieser Expansion nimmt die Firma in der Filzbranche die erste Stelle auf dem Weltmarkt ein. 1881 wird das Unternehmen zur »Vereinigte Filzfabriken Giengen AG« umgewandelt, und Hans Hähnle übernimmt den Vorsitz im Aufsichtsrat. Adolph Glatz und seine Frau Marie kehren nach diesen bedeutenden Veränderungen aus Hörbranz nach Giengen zurück. Adolph Glatz wird zum verantwortlichen Direktor der »Vereinigten Filzfabriken« ernannt.

Margarete Steiffs enge Verbindung zur Giengener Filzfabrik zeigt sich deutlich in der ersten »Preis-Liste des Filz-Versandt-Geschäfts von Gretchen Steiff in Giengen a. Brz.« von 1883. Darin bietet Margarete Steiff »garantirt reinwollene Produkte der Vereinigten Filzfabriken« an. Sie will ihren Kundenkreis erweitern, und die Preisliste ist ein erster Schritt in Richtung Werbebroschüre. In dieser Zeit wirbt sie bereits auch für ihre Filzelefanten:

Das Fell der Elefanten ist lederzäher Filzstoff, die Füllung Filzabfälle. Kein neueres und beliebteres Kinderspielzeug am Markte.

Und sie beschreibt die Vorzüge ihrer Filzprodukte:

Filz ist der billigste Bekleidungsstoff am Markt und auch der beste, solange er aus reiner Wolle fabriziert wird. Ich biete nur garantiert reinwollene Ware, welche sich vortrefflich eignet zur Anfertigung von Mänteln, Juppen, Schlafröcken, Kinder-Anzügen, Damen-Unterröcken, Mützen, Kapuzen, Decken, Teppichen, Stickereien, Gardinen, Draperien usw.

Die Neffen von Margarete, Paul, Richard und Franz Steiff, wachsen mit einer ständig größer werdenden Zahl von Filztieren auf, mit jedem Jahr kommen weitere Tiere hinzu. Die Kinder sind immer begierig auf Neues. Wenn die Neffen von Margarete schon soviel Spaß mit den Tieren haben, dann wird das wohl auch bei anderen Kinder so sein.

Post- & Telegrammadresse: Gretchen Steiff, Giengen. Brenz.

Kinderspielwaren aus Filz

unverwüstlich und ungefährlich.

Elefanten mit bunten Sätteln:

Nro.	Höhe cm	Preis pr. Stück ab hier ohne Rabatt.	
		M	mit Rollen an den Füßen.
A.	9.	0.70.	—
B.	13.	1.00.	—
C.	19.	1.70.	2 20.
D.	26.	3,00.	3.70.
E	34.	4.50.	5.00.

Das Fell der Elefanten ist lederzäher Filzstoff, die Füllung Filzabfälle.

Kein neueres und beliebteres Kinderspielzeug am Markte.

Reichhaltige Muster-Karten stehen zu Diensten über:

Möbelstoffe, Vorhangstoffe, melirt gestreifte, zweiseitige und abgepaßte Stoffe.

Angeboten werden auch »Kinderspielwaren aus Filz, unverwüstlich und ungefährlich, Elefanten mit bunten Sätteln. Kein neueres und beliebteres Kinderspielzeug am Markte«.

Vater Friedrich Steiff mit seinen sechs Söhnen. Hintere Reihe, von links: Paul, Vater Steiff, Richard, Franz. Vorne, von links: Ernst, Hugo, Otto

Heute werden aufwendige Versuche gemacht, um zu testen, ob Kinder ein Spielzeug annehmen. Bei Margarete Steiff sind die Neffen die ersten, die Margaretes neueste Spieltiere ausprobieren dürfen.

Nach Fritz Steiffs älteren Söhnen Paul, Richard und Franz werden zwischen 1884 und 1890 Hugo, Otto und schließlich der Nachzügler Ernst geboren. Der Juli 1887 bringt für Margarete Steiff eine Begegnung mit der Vergangenheit. Sie erhält überraschend einen Brief von Maria Krauß, einer Freundin aus Kindertagen, die sie nun schon seit bald dreißig Jahre aus den Augen verloren hat. Auch Maria Krauß ist gehbehindert, und sie hat schwere Jahre hinter sich, von denen sie Margarete ausführlich berichtet. Dann aber schwelgt sie in Erinnerungen an ihr geliebtes Gretle

»nach der ich mich so oft erkundigt, aber niemand konnte mir bisher sagen, ob sie noch lebe«.

(…) Gewiß denkst Du auch noch voll Freude und Dank an die (…) Tage im lieben Dr. Wernerschen Haus in Ludwigsburg, wo wir uns kennenlernten, und herzliche Liebe unsere Herzen verband? (…) Sind deine Beine immer noch so lahm? Denkst Dirs noch, wie vergnügt Du warst, als Dr. Werner Dich im Wägele zu uns ins Pfarrhaus (…) mitgenommen? Wie weit liegt nun diese fröhliche Jugend hinter uns? Den Ernst des Lebens haben wir wohl beide reichlich erfahren. (…) In herzlicher Liebe grüßt Dich Deine Maria Krauß.[91]

Mutter Anna Steiff mit ihren drei Töchtern. Von links: Marie, Lina, Mutter Steiff, Eva

Nachdem sich die beiden Freundinnen nach vielen Jahren nun endlich wiedergefunden haben, antwortet Margarete Steiff postwendend und legt auch ein Bild von sich bei. Bald kommt wieder ein Brief zurück:

Mein geliebtes Gretle! (...) innigen Dank für Deinen lieben Brief und Bild, auf den ersten Blick erkannte ich Dich wieder. (...) Wie herzlich freuten mich Deine Mitteilungen, daß Du noch so rührig und tätig sein kannst und noch immer das fröhliche Gretle bist. – Gott erhalte Dir dieses Gnadengeschenk.[92]

Und rührig ist Margarete Steiff. In den kleinen Räumen ihres Elternhauses entstehen pro Jahr nun ungefähr 600 Filzelefanten. Langsam wird die Ledergasse zu eng. Ein Neubau wird dringend nötig, und der Bauwerkmeister Fritz Steiff geht an die Planung eines Wohn- und Geschäftshauses, das 1888 in der Giengener Mühlstraße, die heute Margarete-Steiff-Straße heißt, gebaut wird.

Skizze von der Südwestfront der Stadt Giengen, wo noch beträchtliche Teile der mittelalterlichen Stadtbefestigung vorhanden sind.

Im Dezember 1889 stirbt die Mutter von Margarete Steiff. Dieser Verlust trifft die ganze Familie schwer, am meisten aber Margarete, denn ihre Mutter hatte sich so lange Zeit intensiv um sie gekümmert. Jetzt haben Margarete und ihre Geschwister nur noch den Vater.

Zur Trauer im Privatleben kommt Ärger in Margaretes Geschäft hinzu: Mit dem Erfolg von Margarete Steiffs »Filz-Spielwaren-Fabrik« wächst auch der Druck durch die Konkurrenz. Die beschauliche Ruhe, die es anfänglich in der Ledergasse gegeben hatte, ist nun endgültig vorüber. Denn auf dem

Voraussichtlicher Zustand nach dem Bau von zwei Wohn- und Geschäftshäusern durch den Werkmeister Friedrich Steiff.

Im Juli 1888 bekommt der Werkmeister Friedrich Steiff die Genehmigung zum Bau eines »2½ stöckigten Hauses, mit Souterrain und zweistockigtem Altanenanbau« an der Ecke Mühlstraße–Färberstraße.

Im April 1890 wird ein seitenverkehrtes Haus an der Ecke Mühlstraße–Turmstraße genehmigt. Bauherr ist wieder der Werkmeister Friedrich Steiff, der Bruder der Margarete Steiff.

In den Jahren 1899 und 1900 wird die Baulücke zwischen den beiden Gebäuden durch den Neubau eines Packereigebäudes geschlossen. Bauherr ist diesmal die Spielwarenfabrik der Margarete Steiff.

Spielwarenmarkt wird mit harten Bandagen gekämpft, und Margarete Steiff möchte schon 1892 ihre Produkte vor Nachahmung durch die Konkurrenz schützen lassen. Deshalb versucht Margarete Steiff, ein Patent anzumelden. Sie will damit erreichen, daß nur ihre Firma dazu berechtigt ist, Filztiere oder Filzfiguren »weichzustopfen«.[93] Doch eine Spielwarenfabrik in Gotha, die selbst seit 1879 Filztiere herstellt, erhebt dagegen Einspruch, dem stattgegeben wird.

Der Schutz ihrer Filzgeschöpfe vor Kopien bleibt für Margarete Steiff zunächst ein ungelöstes Problem. Das Patent hätte Nachahmungen komplett ausgeschlossen, nun mußte über andere Lösungswege nachgedacht werden. Um ihre Produkte von den Waren der Konkurrenz zu unterscheiden, versieht Margarete Steiff ihre Spielwaren mit einer Schutzmarke. Dadurch werden für jeden Käufer Filzspieltiere aus dem Hause Steiff sofort erkennbar. Die erste Schutzmarke ist ein Kamel, das 1892 auf dem bunt illustrierten Titelblatt eines Katalogs zu finden ist. »Gardrobefilze, Garnitur-Filze, Mosaik-Stoffe und Arbeiten, Filze in allen Farben und Sorten, Schreibfilze und eine Spiel-Menagerie« bietet Margarete Steiff dort an. Sie empfiehlt ihrer Kundschaft neben ihren traditionellen Filzwaren »Kinderspielwaren aus Filz, unverwüstlich und ungefährlich. Elefanten mit bunten Sätteln«.

Die Spielwarenproduktion wird nach und nach zum entscheidenden wirtschaftlichen Faktor des kleinen Unternehmens. Am 3. März 1893 schlägt die offizielle Geburtsstunde der Firma von Margarete Steiff mit dem Eintrag ihrer »Filz-Spielwaren-Fabrik« ins Handelsregister. Der Weg zu diesem Erfolg war zäh und langwierig. Sechzehn Jahre hat Margarete Steiff dafür hart gearbeitet. Schon jetzt hat sie eine Lebensleistung vollbracht, die ihr niemand in ihrer Jugend zugetraut hätte. Kein Mensch hätte geglaubt, sie selbst wohl eingeschlossen: Das »Gretle« wird mal Chefin. Sie ist nun unabhängig und erfolgreich, sie ist 46 Jahre alt und die beliebte

Die Spielwarenfertigung macht Fortschritte. Im Jahr 1892 erscheint ein Katalog mit buntem Einband (Titelseite des Katalogs)

Giengen a. B., den 30. Dezbr. 1889.
Teilnehmenden Verwandten und Freunden widmen wir hiemit die schmerzliche Trauerkunde, daß unsre liebe Gattin, Mutter, Schwieger- und Großmutter und Schwester

Maria Margarete Steiff,

geb. Hähnle,

heute früh 2 Uhr nach langer Krankheit im 65. Lebensjahre verschieden ist.
Die Beerdigung findet am Neujahrsfest nachmittags halb 3 Uhr statt.
Im Namen der Hinterbliebenen:
der trauernde Gatte:
Friedrich Steiff.

Im »Brenztal-Bote« erscheint am 30. Dezember 1889 die Todesanzeige von Margaretes Mutter Maria Margarete Steiff, geb. Hähnle.

* **Giengen a. B.**, den 15. Aug. Heute wird hier ein Mann zu Grabe getragen, der seiner trefflichen Charaktereigenschaften wegen sich allseitiger Hochachtung und Verehrung zu erfreuen hatte: Werkmeister Steiff sr. Derselbe ist vorgestern nach kurzem Krankenlager im Alter von 78 Jahren verschieden. Der Verstorbene war bis in sein hohes Alter unermüdlich thätig und hat an der stetigen Entwicklung unserer Stadt lebhaftesten Anteil genommen. Sein ruhiges, bescheidenes, schlichtes Wesen zierte ihn ebensosehr, wie sein strengrechtlicher, ehrbarer Sinn. Seinen wohlerzogenen Kindern war er ein liebender, treubesorgter Vater, sie waren seine Schätze. Man könnte über den Dahingeschiedenen noch viel Gutes und Schönes sagen, allein dann würde man nimmermehr in seinem Sinne handeln. Aber das muß noch öffentlich anerkannt werden, daß er seine Arbeiter stets human und äußerst rücksichtsvoll behandelt hat, die denn auch allezeit mit großer Liebe an ihrem Meister gehangen. Möge er nun sanft ruhen!

Zeitungsnotiz im »Brenztal-Bote« Nr. 95, vom 15. August 1894, zum Tod von Werkmeister Friedrich Steiff.

Rückseite des Katalogs von 1892

Chefin eines gutgehenden Betriebs. Vier Mitarbeiterinnen und zehn Heimarbeiterinnen sind als Beschäftigte gemeldet.

Als Margaretes Vater Friedrich Steiff im August 1894 im Alter von 78 Jahren stirbt, hat er den Erfolg seines »Gretle« noch miterlebt und sich darüber freuen können, welch glückliche Wendung das Leben seines »Sorgenkindes« genommen hatte. Sein Sohn Fritz Steiff hat bereits seit 1888 den Baubetrieb von seinem Vater übernommen und führt ihn nun selbständig weiter. Er wird der neue Besitzer des Hauses in der Ledergasse.

Filzspielwarenfabrik an der Mühlstraße

Im Jahr 1894 verlassen Adolph und Marie Glatz die Stadt Giengen und ziehen nach Stuttgart um. Margarete Steiff steht nun in brieflicher Verbindung mit der Familie Glatz und besucht sie dort regelmäßig.

Zu dieser Zeit wird im Familien- und Freundeskreis auch über die langfristige Zukunft der »Filz-Spielwaren-Fabrik« gesprochen. Margarete Steiffs Betrieb hat sich von einer Nähstube zu einer kleinen Fabrik entwickelt. Mit künstlerisch und kaufmännisch gut ausgebildeten Führungskräften könnte sich die Spielwarenfabrik noch weiterentwickeln. Margarete Steiffs Neffen helfen bereits jetzt, wo es geht, und ihre berufliche Laufbahn steht beinahe schon fest. Margarete Steiff hat keine eigenen Kinder, jemand muß schließlich einmal weiterführen, was sie so mühsam aufgebaut und erarbeitet hat. Die nächsten Schritte mußten sorgfältig geplant werden.

1897 sind bereits dreimal soviele Arbeiterinnen beschäftigt wie noch drei Jahre zuvor. Zehn Arbeiterinnen und dreißig Heimarbeiterinnen nähen nun für Margarete Steiff. In diesem Jahr ist sie zum ersten Mal mit einem eigenen Stand auf der Leipziger Frühjahrsmesse vertreten, und mit dabei ist ihr Neffe Richard Steiff.

Ab 1897 treten nach Richard auch Paul, Franz, Hugo und Otto Steiff nach und nach in die »Filz-Spielwaren-Fabrik« ein. Nachdem die Spielwaren von Margarete Steiff national immer bekannter werden, faßt man auch internationale Ziele ins Auge. Margarete-Steiff-Produkte liegen zwar mittlerweile auch in Musterlagern in Berlin für den Export bereit, trotzdem soll für das Exportgeschäft noch mehr getan werden. Das Ziel sind Firmenver-

Der Grenzbote.
Täglich erscheinendes
Amts- und Intelligenzblatt für den Oberamtsbezirk Heidenheim.
№ 55. Heidenheim, Dienstag den 7. März 1893. 45. Jahrgang.
Amtliche Bekanntmachungen.
Bekanntmachungen über Einträge im Handels-Register für Einzelfirmen.

Die offizielle Geburtsstunde der Filzspielwarenfabrik Giengen an der Brenz schlägt am 3. März 1893. Der in Heidenheim erscheinende Grenzbote veröffentlicht die Eintragung ins Handelsregister.

Geschäfts-Empfehlung.
Werkmeister Steiff's Baugeschäft
wird nunmehr vom Unterzeichneten weitergeführt, welcher sich empfiehlt zur Anfertigung von Bauplänen, Baugesuchen, Berechnungen und allen bautechnischen Arbeiten, auch zur Ausführung von Neubauten, Umbauten, Reparaturen jeder Art, Feuerwerks- und Triebwerks-Anlagen, wie auch zur Lieferung sämtlicher Baumaterialien.
Hochachtungsvollst
F. Steiff jr., Werkmeister.

Bezugnehmend auf Obiges, sage ich meiner werten langjährigen Kundschaft besten Dank für das mir allzeit bewiesene Vertrauen, mit der höflichen Bitte, dasselbe auf meinen Sohn übertragen zu wollen.
Achtungsvollst
F. Steiff senior.

Im »Brenztal-Bote« Nr.24, vom 24. Februar 1888, wird die Geschäftsübernahme des Werkmeisters Friedrich Steiff jr. bekannt gegeben.

Spielzeugfertigung in der Damenschneiderei im Haus Ledergasse 26

tretungen im In- und Ausland, die eine intensive und kompetente Betreuung der Kunden direkt vor Ort garantieren. Margarete Steiffs Neffen bemühen sich intensiv um den raschen Aufbau eines soliden Absatzmarktes. Franz, der Spezialist für Weberei und innerbetriebliche Organisation, übernimmt den Aufbau von Musterlagern im Ausland. Währenddessen versucht Paul Steiff in Amerika die nötigen Kontakte zu knüpfen. Richard Steiff reist 1899 nach England, zusammen mit dem Schwiegersohn seiner Tante Susanna, der im Auftrag der »Vereinigten Filzfabriken« unterwegs ist. Die Vertretung der Margarete-Steiff-Spielwaren wird im selben Jahr an Herbert E. Hughes in London abgegeben.

Diese Jahre sind es, in denen die entscheidenden Verbindungen zum Ausland hergestellt werden. Zielstrebig arbeitet die neue, bestens auf ihre Aufgabe vorbereitete Generation der Familie Steiff an den Auslandskontakten der Firma. So entstehen nach Hamburg und London auch Vertretungen in Florenz und Amsterdam.

Im September 1899 wird in der Mühlstraße wieder einmal alles zu eng. Margarete Steiff benötigt dringend ein Packereigebäude, und deshalb muß die »Filz-Spielwaren-Fabrik« in der Mühlstraße erweitert werden. Dazu bietet es sich an, die beiden bislang getrennt stehenden Wohn-

und Geschäftshäuser zu verbinden, um so die Lücke zwischen den Gebäuden der Mühlstraße 1, 3, und 5 mit dem Neubau zu schließen. Die Grundstücke, die zwischen den beiden Häusern liegen, werden nach und nach angekauft. Diesmal plant der Bauwerkmeister Johannes Junginger den Erweiterungsbau.

An diesem Bau soll es eine Besonderheit geben. Schon 1899 möchte Margarete Steiff eine behindertengerechte Rampe haben, damit sie mit ihrem Rollstuhl bequem in ihre Firma kommen kann. Doch die Rampe wird vom Bauamt der Stadt Giengen zunächst nicht genehmigt. Margarete bemüht sich nun, den zuständigen Behörden deutlich zu machen, worin der Vorteil einer solchen Rampe liegt. Sie bittet im Oktober 1899 um eine erneute Prüfung ihres Baugesuchs und verteidigt die Notwendigkeit der »Rampe im Südhof, (...), auf die ich den grössten Wert legen muss. Diese dient nämlich zum Transport meiner fusslahmen Person und ermöglicht mir die Übersicht über mein Geschäft per Rollstuhl.«[94]

Ein ungewöhnliches Foto von Margarete Steiffs Neffen, das vom Ideenreichtum der Brüder Steiff zeugt. Von unten: Paul, Richard, Franz, Hugo, Otto, Ernst.

Wie wichtig für Margarete Steiff dieses »behindertengerechte« Bauen ist, geht auch aus einem Brief vom 13. April 1906 hervor. Dort schreibt Margaretes Schwester, Pauline Röck:

Wirklich wird die längst geplante Auffahrt bei mir gebaut, (...) es ist aber der halbe Garten dazu genommen worden, damit die Steigung nicht zu hoch wird. Ich hoffe, daß nun Tante Gretle öfters zu mir kommt, da sie nicht mehr aus ihrem Wagen muß.

An der Mühlstraße steht ab dem Jahr 1900 der geschlossene Komplex des Wohn- und Geschäftshauses der Margarete Steiff.

Als der Bau in der Mühlstraße fertiggestellt ist, verfügt die »Filz-Spielwaren-Fabrik« von Margarete Steiff neben Näh- und Arbeitsräumen, einem Eckladen zum Abverkauf und Räumen für den Filzversand nun auch über eine Packerei. Seit ihrem Umzug in die Mühlstraße wohnt Margarete Steiff zusammen mit Johanna Röck. Margarete wird von ihr, der Schwägerin ihrer Schwester Pauline, betreut. Die beiden ledigen Frauen leben und arbeiten zusammen und sind gute Freundinnen. Margarete ist es längst gewohnt, Hilfe von anderen Menschen anzunehmen. Selbstbewußt, wie sie ist, nimmt sie so etwas ganz leicht und läßt sich gerne helfen:

Bei meiner bekannten Unverfrorenheit nahm ich alles, was man für mich tat, zwar mit großem Dank, jedoch als ganz selbstverständlich an.

Margarete Steiff hat sich kaum in den neuen Gebäuden eingelebt, da stirbt ihr Bruder Fritz im März 1900 mit 52 Jahren. Vor allem Margarete trauert um den Bruder, der sie zeitlebens bei ihren Plänen so tatkräftig unterstützt hat. Aber auch für die Witwe Anna und die Kinder ist der Tod von Fritz Steiff ein schwerer Verlust. Der Familienbetrieb verliert mit dem Bauwerkmeister eine seiner wichtigsten Stützen. Nach dem Tod des Bruders kümmert sich Margarete Steiff um so mehr um ihre Neffen und Nichten. Ganz besonders gern mag sie ihre Nichte Eva, mit der sie seit 1893 regelmäßig Briefe wechselt. Eva Steiff hat mittlerweile die Schule abgeschlossen und ist »in der Fremde«. Denn Eva arbeitet im fernen England als Dienst- und Kindermädchen. Dort soll sie vor allem gründlich Englisch lernen. Denn Englischkenntnisse sind für einen Betrieb, der sich immer stärker nach dem Ausland orientiert, unentbehrlich. Beinahe allwöchentlich wird geschrieben: Nichte Eva schreibt von ihren Sorgen im »Dienst«. Margarete Steiff berichtet ihrer Nichte vom Alltag in Giengen, sie erteilt Ratschläge und schickt Bekleidung. Manchmal muß Margarete dabei an ihre eigenen Schwestern Marie und Pauline denken, an die Zeit vor mehr als 30 Jahren, als Großvater Bartholomäus ihre Schwester Marie noch mit dem Pferdefuhrwerk aufs Härtsfeld gebracht hat.

Letztes Foto von der Rampe, die im Jahre 1969 abgebrochen wird.

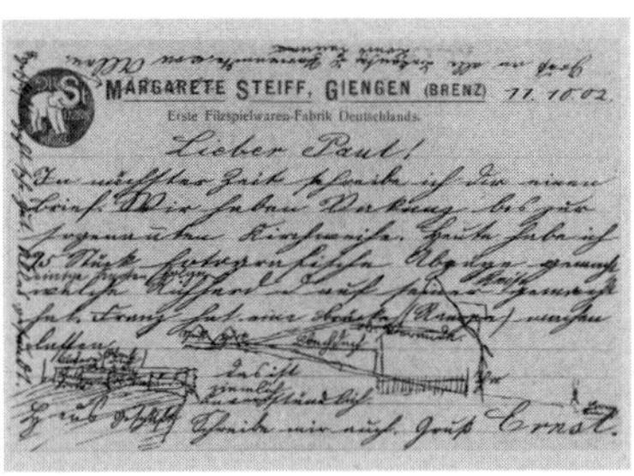
MARGARETE STEIFF, GIENGEN (BRENZ)
Erste Filzspielwaren-Fabrik Deutschlands.
Lieber Paul!

Schon 1899 möchte Margarete Steiff eine behindertengerechte Rampe haben. Ernst Steiff schreibt 1902 eine Postkarte an seinen Bruder Paul und berichtet, wie sein Bruder Franz dieses Problem gelöst hat.

Margarete Steiff auf dem ersten Absatz der Auffahrtsrampe

Die damals noch hölzerne Auffahrt von der Turmstraße aus

Die Schrägauffahrt wird nicht nur von der gelähmten Chefin genutzt, sondern auch von den Heimarbeitern, die ihre Halbfertig- und Fertigwaren auf Leiterwagen abliefern.

Die Zeiten haben sich geändert: »Die Fremde«, das ist für Eva jetzt der Dienst in England bei einer Familie, mit der Margarete Steiff geschäftliche Beziehungen unterhält.

Margarete Steiff auf dem Höhepunkt ihres Lebens. Ihre Firma steht auf guter Grundlage und expandiert.

Das »Jungfrauenaquarium«

Gerade vier Jahre sind seit der baulichen Erweiterung der Gebäude in der Mühlstraße vergangen. Und schon wieder muß an einen Neubau gedacht werden.
Im Jahre 1902 sind es bereits mehr als 200 Personen, die für die Spielwarenfabrik von Margarete Steiff arbeiten. Ihr Unternehmen wird langsam zu einem Großbetrieb. Margarete Steiff schreibt an die Nichte Eva am 28. Dezember 1902: »Aufs Frühjahr wird gebaut in Nadlers Garten, ein langes Arbeits- und Lagerhaus aus Eisen mit Glasdach.«
Richard Steiff schwebt für den Neubau etwas ganz Eigenwilliges vor: eine kostengünstige Konstruktion aus Eisen und Glas. Margarete Steiff läßt am 27. Oktober 1902 mehrere Fotografien ihrer Rampe in der Mühlstraße anfertigen, die zeigen, wie sie mit deren Hilfe leichter in die oberen Stockwerke der Gebäude hinaufgeschoben werden kann. Im Dezember 1902 schickt das Eisenwerk München A.G. einen Kostenvoranschlag für die Eisenkonstruktion. Darin heißt es unter anderem: »Als Nottreppe kann auch die aussenliegende mit Holzbelag versehene eiserne Rampe dienen.«

Zunächst konnte nicht eindeutig belegt werden, daß Richard Steiff dieses funktionalen Gebäude entworfen hat. Die Firmenchronik von 2005 untermauert nun diese Hypothese mit zwei Briefen. Ein Schreiben von Margarete Steiff geht 1902 an ihren Neffen Paul in Amerika:

Das Bauen wird jetzt ernst, (...) Richard projektiert ein Eisen u. Glashaus quer vorn über die 2 Gärten, 30/12 Meter alles ein Raum, niederer Souterrain, Parterre u. 1. Stock mit Oberlicht, ob mans dann aufkriegt lehrt die Zeit. Wird wohl 40 Mill kosten, aber es lässt sich nicht umgehen u. ist dann etwas rechtes, auch scheints daß mans machen kann. Dampf oder Warmwasserheizung muß auch hinein. In diesem Bau wird dann gearbeitet (...). Richard schreibt an alle möglichen Lieferanten (...). Richard sagte schon Franz müsste dann die Bauleitung übernehmen damit Rich. fest zum Mustermachen u. Katalog kommt.[95]

Der andere kürzlich aufgefundene Brief von Richard Steiff vom 6. Januar 1931 zeigt zugleich wie selbstbewußt und wie langfristig der Visionär Richard Steiff gedacht hat:

Während sich Margarete Steiff mit ihren Mitarbeiterinnen und Mitarbeitern in der Mühlstraße dem Fotografen stellt, wird gleich nebenan der Bau einer neuen Fabrikhalle in Angriff genommen.

Ich selber habe bisher immer etwa so gefühlt: Wir haben dann diese Wiese gekauft; das Jahr … hat einen Bau gebracht., dann wurde jene Neuerung erfunden, etc. Aber heute bin ich dem Schicksal dankbar dass ich nicht nur die grundlegenden Entscheidungen allein ausdenken und machen durfte, sondern, dass es mich zufällig? den einzigen richtigen Weg finden ließ. (…) Ebenso wie ich in Giengen damit anfing, in Rohrstiefeln u. mit Fausthandschuhen, Felsen in den Wiesengrund zu werfen u. die Straße für die zukünftige Fabrik zu machen, die ich schon 1893 als Lehrbub beim Stadtbaumeister genau da in den

Auf dem Platz des Schuppens an der linken Bildseite wird der moderne Neubau aus Glas und Stahl entstehen.

Steiff baut in den Jahren 1902/03 einen modernen Neubau aus Stahl und Glas (Ansicht von Süden).

Stadtbauplan hineindachte, so baute ich hier (in Amerika, W.H.) von Grund auf. Und nahm die denkbar besten Pioniere dazu. Deshalb ist unsere Musterschau in N.Y., wie die Fabrik daheim, heute noch nicht annähernd erreicht von irgend einem anderen Fabrikanten.[96]

Schwierigkeiten gibt es bei diesem ehrgeizigen Pilotprojekt wieder einmal mit der Baugenehmigung. Zu neu und zu ungewöhnlich ist diese radikale Form der Architektur. Denn das Baumaterial Eisen im Verbund mit Glas setzt sich nur langsam und unter Vorbehalten durch. In der städtischen Bauverwaltung ist zu solchen Bauten kein Vorgang vorhanden, es gibt also keine Richtlinien, nach denen man über die Genehmigung entscheiden könnte. Außerdem wird befürchtet, daß das viele Licht den Augen schaden könne. Die Baugenehmigung wird aus diesem Grund zunächst versagt.
Trotzdem entsteht im Frühjahr 1903 das erste Glashaus, der sogenannte Ostbau, ohne offizielle Baugenehmigung und auf eigenes Risiko. Schon im nächsten Jahr folgt der Westbau. Der Bau dieser Glasgebäude ist eine echte Pioniertat. Die Glasbauten sind Vorreiter einer sogenannten anonymen Avantgarde, und sie stehen heute deshalb unter Denkmalschutz. Die kunstvolle Glas- und Stahlarchitektur ist noch vor den Theorien des Bauhauses, vor Mies van der Rohe, Walter Gropius und anderen berühmten Vorläufern des modernen Bauens entstanden.[97] Als das Gebäude schließlich fertiggestellt ist, steht die moderne Fabrikanlage in schroffem Kontrast zu dem alten, verwinkelten Städtchen. Hatte Giengen vor einem halben Jahrhundert noch beinahe die Industrialisie-

Das Stahlgerüst des Neubaus von Norden, im Hintergrund das Wohn- und Geschäftshaus Margarete Steiffs an der Mühlstraße

Wie richtungsweisende Finger stehen die Stahlträger auf dem Baugelände am Schwibbogenplatz.

rung verschlafen, so muß sich im Herbst 1903 mancher, der diese Gebäude zum ersten Mal erblickt hat, verwundert die Augen gerieben haben. So etwas Seltsames hatte man weit und breit noch nicht gesehen. Futuristisch, so würden wir den Eindruck heute beschreiben. Kaum sind die ersten Arbeitskräfte in das lichtdurchflutete Gebäude eingezogen, spricht man im Volksmund bald nur noch vom »Jungfrauenaquarium«. Gemeint sind damit die vorwiegend ledigen, jungen Frauen, die im Betrieb von Margarete Steiff tätig gewesen sind.

»Jungfrauenaquarium« heißt dieser Bau im Volksmund, weil er wie ein Aquarium auf der grünen Wiese steht, und weil hier in der Hauptsache junge Frauen arbeiten.

Die 1903 erbaute Fabrikhalle wird behindertengerecht gebaut. Sie hat eine Auffahrtsrampe für den Rollstuhl der Firmenchefin. Vor der offiziellen Inbetriebnahme erfolgt eine Belastungsprobe.

Die Brüder Steiff besitzen die ersten Motorräder in Giengen. Auch das erste Auto wird von ihnen gefahren. Und die Spielwarenfabrik hat den ersten Lastwagen, der auch privat genutzt wird.

In Giengen erregt allerdings nicht nur das »Jungfrauenaquarium« Aufsehen. Margarete Steiff unternimmt in dieser Zeit mit ihren Neffen Otto und Paul gerne einmal eine Spritztour mit dem Motorrad. Schnell vorwärtszukommen, das hat sie schon früher begeistert, als sie noch mit dem Rollstuhl vom Pfarrhaus die Niedere Gasse hinuntergesaust ist. Und jetzt, im Alter von 56 Jahren, genießt sie den Fahrtwind erst recht. Einmal geht es ins nahe Herbrechtingen, und sie berichtet ihrer Nichte Eva am 11. Juni 1903:

Denk nur, jetzt hat man einen leichten, eleganten Anhängerwagen ans Motorrad, wer nicht allzu schwer ist, darf sich dreinsetzen, das geht fein, mit dem Motor natürlich furchtbar schnell, da wird man bei dem Staub ganz überzogen. Otto hat mich vorgestern nach Herbrechtingen zu Frau Zimmerle gefahren, und Paul hat mich abgeholt.

Doch nicht nur auf dem Gebiet der Motorisierung legt die Familie Steiff ein rasantes Tempo vor, Margarete Steiffs »Filz-Spielwaren-Fabrik« erlebt in diesen Jahren eine sprunghafte Entwicklung.

Ein Bär wird beweglich

1903 präsentiert Margarete Steiff voller Stolz wieder einmal einen Katalog. Diesmal verwendet sie schon einen richtigen Slogan:

Für Kinder ist nur das Beste gut genug! Diesem Grundsatz stets getreu, sende ich meine 7. illustrierte Preisliste in die Welt.

Und selbstbewußt führt sie aus:

Der sehr bedeutende Aufschwung, welchen mein Geschäft stetig, und hauptsächlich wieder im letzten Jahr genommen hat, ferner der wachsende Exportumsatz und die allgemeine Frage nach weiteren Nummern jeder Tiergattung veranlassen mich, den Betrieb stetig zu vergrößern und meine Stofftiere einer fortwährenden Vermehrung und Verbesserung an Hand künstlerisch und technisch geschulter Kräfte zu unterziehen.

Am Ende heißt es:

Meine Fabrikmarke »M. ST. Elefant« bitte [ich] zu beachten und warne ich vor den in letzter Zeit aufgetauchten, höchst minderwertigen Nachahmungen.

Nachdem anfänglich das Kamel als Schutzmarke verwendet wurde, hatte sich Margarete Steiff wieder an ihre ersten zaghaften Schritte im Spielwarenbereich erinnert und das Kamel durch den Elefanten ersetzt. Er wird seit 1897/98 als neue Schutzmarke verwendet. Ganz zufrieden ist Margarete Steiff mit dieser Lösung aber noch nicht. Immer wieder versucht die Konkurrenz, ihre Produkte nachzuahmen, und die dauernden Rechtsstreitigkeiten werden langsam lästig.

Wenn Margaretes Neffe Richard auf der Suche nach neuen Ideen für Spieltiere ist, blättert er hin und wieder in seinen alten Skizzenbüchern mit Zeichnungen, die er während des Besuchs der Kunstgewerbeschule in der Stuttgarter Wilhelma angefertigt hat. Stundenlang hat er damals auch Bären gezeichnet und sie in allen möglichen Positionen festgehalten. Als er seine Zeichnungen wieder einmal betrachtet, fällt ihm etwas auf, dem er bislang keine Aufmerksamkeit geschenkt hat: ein aufrecht stehender Bär. Irgend etwas ist anders als bei den Tanzbären, die Steiff schon eine ganze Weile herstellt. Zum Schmusen sind diese Kreationen nicht geeignet, sie sehen viel zu sehr nach Raubtier aus. Wenn man den Bären aber so fertigen würde wie eine Puppe: Wenn der Bär seine Arme und Beine bewegen könnte? Beweglichkeit, das ist es, das ist das Zauberwort, das bei Steiff eine neue Entwicklung einleitet.

Die Firma Steiff ist schon lange auf der Suche nach Möglichkeiten zum Schutz vor Nachahmung ihrer Artikel. Schutzmarke von 1892.

Richard Steiff experimentiert mit seiner Idee und entwirft einen Prototypen, den er seiner Tante präsentiert. Margarete Steiff ist skeptisch, doch ihr Neffe setzt alles daran, um sie von den Qualitäten dieses seltsamen Meister Petz zu überzeugen und kann sie schließlich dazu überreden, einen Versuch mit dem Bären zu wagen.

Als Richard Steiff auf der Leipziger Messe 1903 seine Bären zum Verkauf anbietet, sind die Einkäufer nicht recht überzeugt, außerdem ist ihnen der Bär zu teuer. Margarete Steiff hat recht behalten, und ihr Neffe Richard ist tief enttäuscht. Doch dann, so wird berichtet, sei in letzter Minute ein Amerikaner am Messestand aufgetaucht und habe die ganze Bärenkollektion aufgekauft. Diese Kollektion gilt bis heute als verschollen.

Dieser Verkauf in letzter Minute tröstet Richard und ermuntert ihn, weiter an seinen Ideen zu arbeiten. Die erste Bärenkollektion war viel zu naturgetreu gestaltet. Das machte die Bären plump und unbeholfen. Der Bär mußte sich mehr an menschlichen Zügen orientieren. Dann konnte ein Kind menschliche Verhaltensweisen in seinen Bären hineindenken: Die Nähe zur Puppe, das war die zweite geniale Idee. Endlich konnten auch Jungen mit einer »Puppe« spielen, denn der Bär war kein typisches Jungen- oder Mädchenspielzeug.

Auch Margarete Steiff ist schließlich mit dem Ergebnis aus Richards Bärenwerkstatt zufrieden. Aller-

Oben: Fabrikmarke von 1897/98: ein Elefant mit einem zum S geschlungenen Rüssel, unten: der 1904 eingeführte »Knopf im Ohr«

Richard Steiff durchforstet seine Skizzenbücher und erfindet 1902 den Teddybären.

Steiffreklame auf dem Balkon des Zentralmessepalasts in Leipzig

dings ist Richard Steiffs Bär noch ein namenloses Geschöpf. Doch nur wenig später sollte er einen Namen bekommen und weltberühmt werden.

Franz Steiff hat den »Knopf im Ohr« erfunden. Er hat damit eine Schutzmarke kreiert, die heute nach über hundert Jahren immer noch gültig und weltweit bekannt ist.

Margaretes Neffe Franz arbeitet in dieser Zeit fieberhaft an einer Lösung, um die Steiff-Produkte vor billigen Kopien zu schützen. Die Schutzmarke mit dem Elefanten war ein erster Schritt, aber sie konnte leicht abgerissen werden. Der Kunde sollte durch eine unverwechselbare Kennzeichnung wissen, daß er ein Steifftier vor sich hat. Und auch Franz Steiff

19) **Schutzmarke**; (Elefant mit S-förmigem Rüssel) befestige ich ab 1. Nov. 1904 nunmehr ausnahmslos an jedes Stück an und zwar im linken Ohr auf einem kleinen Nickelknöpfchen. Auf diese Art der Anbringung ist gesetzlicher Schutz angemeldet.

Die Firma Steiff verkündet in einem Prospekt die Einführung der neuen Schutzmarke.

hat einen Geistesblitz – eine simple, eindeutige und elegante Lösung: Er erfindet den »Knopf im Ohr«. Doch wieder einmal gibt es Schwierigkeiten mit dem Patentamt, ein Knopf im Ohr kann nicht geschützt werden. Aber die Worte »Knopf im Ohr« können schließlich als Warenzeichen eingetragen werden und sind damit gesetzlich geschützt. Ab Dezember 1904 gibt es den berühmten »Knopf im Ohr« an jedem Steifftier. Von nun an sind die Produkte von Margarete Steiff eindeutig gekennzeichnet. »Knopf im Ohr«, dieser Begriff ist bald identisch mit »von Steiff«.[98]

Der Bär 55 PB, der spätere Teddybär, ist überall beliebt. Er erzielt bei Versteigerungen Spitzenpreise und wurde in Giengen an der Brenz in Württemberg erfunden.

Der Bär ist los!

Der amerikanische Markt beschert Margarete Steiff und ihren Neffen eine wirtschaftliche Sensation, die durch einen glücklichen Zufall ausgelöst wird. Im November 1902 erscheint in der »Washington Post« eine Karikatur des beliebten Zeichners Clifford Berryman. Auf dieser Karikatur ist ein entrüsteter Theodore Roosevelt – damals Präsident der Vereinigten Staaten – abgebildet, der sich weigert, einen wehrlosen Jungbären zu erschießen. Von Roosevelt ist bekannt, daß er ein leidenschaftlicher Jäger ist und sich vor allem für Bären begeistert. Der Erfolg dieser Karikatur bringt Berryman auf die Idee: Der Bär und der Präsident werden während der Regierungszeit Roosevelts in seinen Zeitungskarikaturen unzertrennlich. Der Personenkult, der um den charismatischen und populären Roosevelt getrieben wird, löst im Zusammenhang mit diesen Karikaturen in den Folgejahren eine wahre Bärenhysterie in den USA aus. Sie erreicht um 1905 ihren Höhepunkt. Auch das ferne Gien-

gen wird von den Auswirkungen des amerikanischen »Bärenfiebers« regelrecht überrollt. In Spitzenzeiten, so wird berichtet, seien so viele Bären bestellt worden, daß man in Giengen sogar noch abends beim Bier in den Wirtshäusern Bären gefertigt haben soll.
Theodore Roosevelt wird von seinen Freunden mit Spitznamen »Teddy« genannt, und diesen Namen erhält von nun an auch der Bär Richard Steiffs. Der amerikanische Präsident wird zum Namenspatron: »Teddy«, dieser Name steht bis heute stellvertretend für weichgestopfte Spielzeugbären.

Seinen Namen hat der Teddybär vom amerikanischen Präsidenten Theodor Roosevelt, der mit Spitznamen Teddy hieß.

1904 ist die Firma Steiff auf der Weltausstellung in den USA vertreten, und Margarete Steiffs Unternehmen genießt inzwischen einen so guten Ruf, daß sie den Auftrag erhält, das Eingangsportal der Spielwarenabteilung der Weltausstellung zu gestalten. Der »Giengener Brenztalbote« berichtet im November 1904:

Der weltbekannten Firma Margarete Steiff, Filzspielwaren-Fabrik hier, wurde auf der Weltausstellung in St. Louis (...) die höchstmögliche Auszeichnung, ein »Grand Prix« zuerkannt; ferner erhielten Fräulein Margarete Steiff und Herr Richard Steiff je eine goldene Medaille.[99]

Nach diesem riesigen Erfolg feiert man in Giengen ein schönes Weihnachtsfest mit dem gesamten Personal. Margarete Steiff schreibt am 26. Dezember 1904 ihrer Nichte Eva:

Trotz der Menge Leute hat der Raum im oberen Saal Glashaus I doch ausgereicht, es waren 142 Angestellte, Arbeiter und Arbeiterinnen, auch die Bauleute und dann noch die Familie, somit wenigstens 160 Personen. Maier backte eine Menge Stollen und Schnitzbrot und Lammwirt lieferte das nötige Bier. (…) Es verlief alles zur allseitigen Zufriedenheit. Man konnte heuer alle Aufträge besorgen, hatten aber streng zu schaffen bis auf den letzten Tag, und jetzt sind schon wieder Bestellungen da.

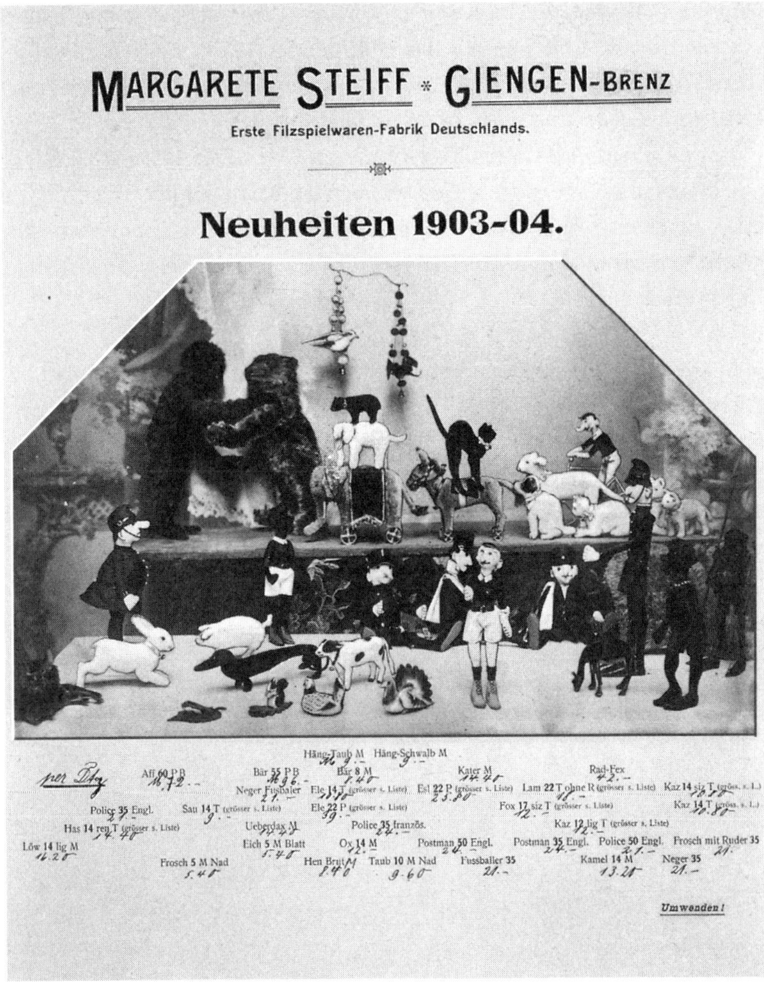

Das Neuheitenblatt der Firma Steiff von 1903, in dem der Teddybär mit seiner ursprünglichen Bezeichnung Bär 55 PB zum Dutzendpreis von 96 Mark, Stückpreis also 8 Mark angeboten wird.
Zeichenerklärung: P – Plüsch, PB – Plüsch Beweglich, T – Trikotstoff, M – Samt

Das grassierende »Bärenfieber« hat vor allem Auswirkungen auf die Mitarbeiterzahl. In Giengen kann Margarete längst nicht mehr genügend Arbeitskräfte bekommen. Die ganze nähere Umgebung fertigt in diesen Jahren Steiffbären. Margarete Steiff schreibt am 24. April 1905 an Eva:

Das Geschäft geht großartig, besonders kann man gar nicht genug Bärlein machen, trotzdem ich immer Leute einlerne. Nun habe ich Sofie Eckert im Geschäft, das ist mir eine große Stütze, weil sie alles so gut und noch besser kann als ich, dann darf ich doch im Frühjahr und Sommer hie und da an die Luft, was ich mir fest vorgenommen habe. (...) Wenn du wieder schreibst, so lege an deine Mutter einige Zeilen bei, sie ist oft sehr betrübt, wenn sie von ihren Kindern vernachlässigt wird und auch mit Recht, was hat man einer Mutter alles zu verdanken, wie viel Liebe, Sorge und Mühe braucht es, bis die Kinder erwachsen sind.

400 Arbeiter und 1800 Heimarbeiterinnen sind in diesen Jahren bei der Giengener Fabrik beschäftigt. Am 19. August 1905 berichtet Margarete an Eva nach England:

Wir haben unglaublichen Umtrieb im Geschäft, man will die kleinen Bären hundertdutzendweise. Ich habe heuer bestimmt noch 100 Leute mehr als früher.

Am reich gedeckten Kaffeetisch feiern die Mitarbeiterinnen zusammen mit ihrer Chefin den geschäftlichen Erfolg.

Der Mitarbeiterkreis bei Steiff vergrößert sich mit den Jahren stetig. Die steigende Nachfrage ist bei Steiff ein Grund zum Feiern.

In den erfolgreichen »Bärenjahren« gelingt Margarete Steiff mit dem Amerikageschäft ein sensationeller marktwirtschaftlicher Durchbruch. Um 1903 waren es etwas über 10000 Bären, um 1907 sind es in der »Bärenfabrik« beinahe eine Million pro Jahr.

Doch Margarete Steiff nimmt ihren unvorstellbaren Erfolg mit einer bemerkenswerten Gelassenheit. Kurz vor dem Weihnachtsrummel des Jahres 1905 macht sie bei Familie Glatz in Stuttgart sogar noch einen kleinen Erholungsurlaub. Sie schreibt von dort am 1. November an ihre Nichten:

»Der Bärenberg«, das ist die Menge der 1907 täglich hergestellten Teddybären.

Es ist unglaublich, daß ich seit ich hier bin, noch nie ans Schreiben kam. Man mag halt lieber gar nichts tun, wenn man in der Vakanz ist. Mir geht es gut hier, bei der Frau Glatz bin ich sehr gut versorgt und mache von da aus meine Besuche. (...) Mein Aufenthalt wird bis 6. November gehen, da will ich heimgehen, weil es sehr viel Arbeit gibt.

Als sie wieder daheim in Giengen ist, läuft das Weihnachtsgeschäft auf vollen Touren an, und selbst Margarete, die sich sonst sehr um das Wohl ihrer Mitarbeiter sorgt, ist der Rummel zu viel. Sie bemerkt in einem Brief vom 30. November 1905:

Nun ist es noch drei Wochen bis man wieder einigermaßen Ruhe bekommt, große Weihnachtsfeier wirds heuer nicht geben, es sind jetzt zu viele fremde Leute dabei.

Ein lenkbares Steifftier mit seinem jugendlichen Fahrer im Jahr 1908

»Das Beste ist gerade gut genug!« Mehr als eine Tonne bringt dieses Dutzend Männer auf die Waage. Die Diele biegt sich unter ihrem Gewicht, doch die beiden Fahrtiere von Steiff brechen nicht zusammen.

Im Musterzeichenbüro entstehen die Entwürfe für all die liebenswerten Spielzeuge mit dem »Knopf im Ohr«.

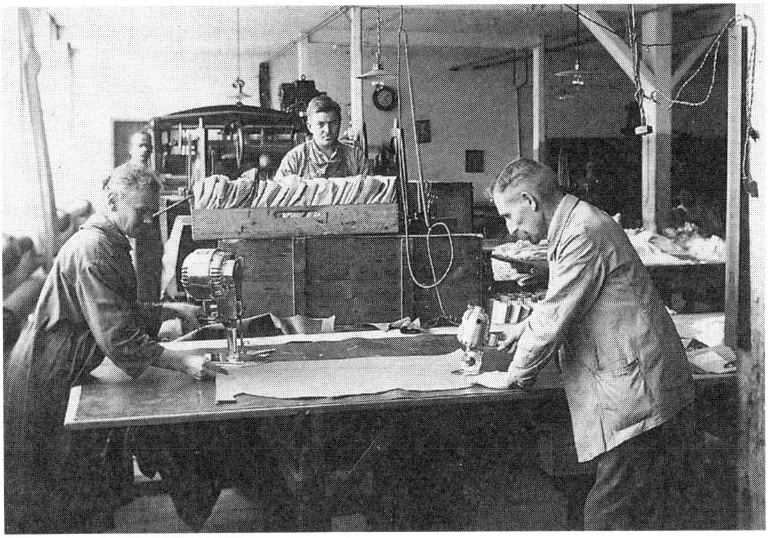

Schon immer arbeitet die Firma Steiff mit modernsten Geräten und Maschinen.

Noch um die Jahrhundertwende feierte man in der Mühlstraße mit nicht viel mehr als einem Dutzend Mitarbeiterinnen, und Margarete Steiff verteilte in diesen Jahren kleine Weihnachtsgeschenke. Noch heute wird erzählt, wie sie mit ihrem Rollstuhl in die Nähstube gerollt ist und ihren Näherinnen »a Gselzbrot g'schenkt« hat.[100] Das waren Zeiten, in denen man sehr genügsam gewesen ist.

Nach der arbeitsreichen Weihnachtssaison erholt sich Margarete im Februar 1906 bei zahlreichen Schlittenfahrten in der Umgebung von Giengen. Manchmal sorgt sie sich ein wenig um ihre Nichten. Auch Marie ist inzwischen im Ausland, die ungewohnte Umgebung und die fremde Sprache fallen ihr nicht gerade leicht. Auf die Klagen ihrer Nichte antwortet Margarete im März 1906:

Wünsche dir liebe Marie viel Glück zur neuen Stelle, nimm dir vor, recht geduldig zu sein, deinen Posten ganz auszufüllen (...). Wenn Du jetzt Magdarbeit tust, dann bist du schon das Dienen gewöhnt, denkst eben »Arbeit schändet nicht«. (...) Eva schreibt mir immer, daß du die Sprache besser lernst als sie, bei uns kann man Englisch brauchen, weil fast jede Woche ein Amerikaner kommt, da muß man die Herren unterhalten.

1906 kommt schließlich auch Hugo Steiff in die Firma zu seiner Tante Margarete. Seine erste Aufgabe ist es, die weiteren Neubauten zu planen und zu realisieren. Darüber hinaus beschäftigt er sich mit der Verbesserung des Produktionsablaufs. Er wird schließlich ab 1925 die Fließbandproduktion einführen.

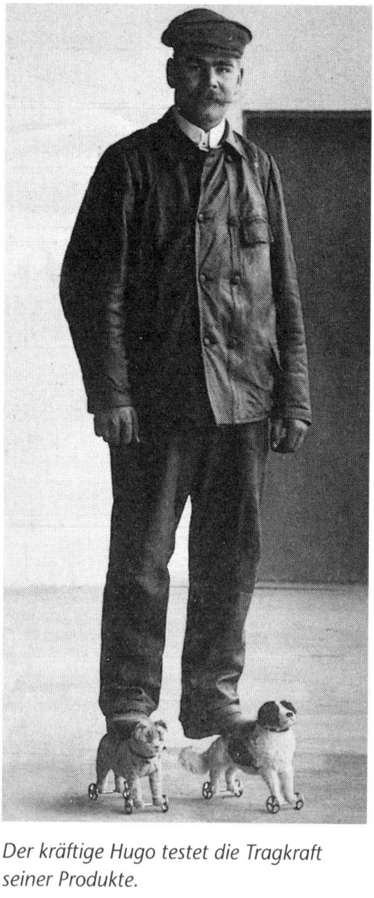

Der kräftige Hugo testet die Tragkraft seiner Produkte.

Margarete Steiff im Kreis der Familie

Margarete Steiff im Kreis der Familie

Margarete Steiff sieht den Kinderfestspielen zu. Im Hintergrund der im Jahre 1902 vom Schwäbischem Albverein erbaute Aussichtsturm.

Schon seit dem 17. Jahrhundert findet alljährlich am Dienstag nach Pfingsten das Giengener Kinderfest statt.

Kinderfestbesuch im Kreise honoriger Damen

Margarete Steiff – ein gern gesehener Gast

Als im Jahr 1908 auf Grund einer amerikanischen Wirtschaftskrise die Teddybären-bestellungen nachlassen, hat Steiff schon einen neuen Renner auf Lager: Der Roloplan steigt in den Himmel.

Luftaufnahme von der unteren Stadt mit dem Wohn- und Geschäftshaus der Margarete Steiff. Hergestellt mit einem Roloplandrachen.

Auf dem Firmengelände entsteht 1908 die dritte Werkshalle aus Glas.

Die Firma Steiff im Jahre 1904

Steiff im Jahre 1908

Margarete Steiffs Vermächtnis

Margarete Steiff überläßt nichts dem Zufall. Sie denkt bereits 1904 über ein Testament nach, das alle ihre Angelegenheiten regelt, denn für die Firma muß Sorge getragen werden.
Ihren Testamentsentwurf schickt sie ihrem Ratgeber Adolph Glatz nach Stuttgart zur Einsicht und Verwahrung. Er schreibt im August 1904 an Margarete Steiff:

So hoffe ich, daß die von Dir getroffenen gerechten Anordnungen recht lange nicht zur Anwendung kommen.

Glatz rät Margarete Steiff zur Gründung einer Gesellschaft mit beschränkter Haftung. Wie aus einem Schreiben vom 23. Dezember 1905 hervorgeht, erstellt Adolph Glatz einen Vertragsentwurf für die GmbH zusammen mit den zuständigen Rechtsanwälten. Außerdem erteilt er Margarete Steiff brieflich von Stuttgart aus immer wieder Ratschläge und Empfehlungen für die Zukunft der Firma.
Zwei Wochen nach Margarete Steiffs 60. Geburtstag erfolgt die Umwandlung der »Filzspielwarenfabrik« in die »Margarete Steiff GmbH«. Margarete und ihre Neffen Paul, Richard und Franz übernehmen die Geschäftsführung. Margarete Steiff denkt allerdings keineswegs daran, sich aus dem Geschäftsleben zurückzuziehen. Ruhestand, das ist nichts für sie. Außerdem hält der Bärenboom noch immer an, und jede Hand wird in der Firma gebraucht. In einem Brief an das Stadtschultheißenamt vom 20. November 1907 kommt die überhitzte Geschäftsatmosphäre dieser Zeit selbst in der Sprache der Akten zum Ausdruck. Wieder geht es um die Genehmigung eines Neubaus:

Es liess sich vor einigen Monaten noch nicht voraussehen, dass wir einen Neubau derartig dringend benötigen, da wir (...) ausser grossen Aufträgen für nächstes Frühjahr, versprechen mussten unsere Rückstände von heuer auch nach Weihnachten zu liefern. (...) wenn wir nicht das Gebäude sofort unter Dach bringen, bitten wir zu berücksichtigen, dass wir eine solche Verzögerung infolge der Art unserer Hausindustrie im ganzen nächsten Jahr nicht mehr ausgleichen können. Dadurch können Tausende von Löhnen nicht ausbezahlt werden.

Die junge Generation im Hause Steiff. Von links: Paul, Richard, Franz, Lina, Eva, Hugo, Otto, Marie, Ernst

Die Kapazitäten der Firma sind beinahe erschöpft. Die Heimarbeit wird deshalb noch wichtiger. In größter Eile müssen in der Umgebung Lagermöglichkeiten gefunden werden, wo die fertigen Tiere abgegeben werden und die Heimarbeiterinnen möglichst rasch neues Material in Empfang nehmen können. Margarete Steiff nutzt jetzt jeden Kontakt zu

Margarete Steiff mit ihrer Großnichte, die ihren Namen trägt. Das Baby ist eine Tochter ihrer Nichte Eva.

benachbarten Städten und Orten, und sie spannt auch ihre Nichte Eva ein, die sich auf der Rückreise von ihrem Englandaufenthalt befindet. Sie soll bei Verwandten in Aalen prüfen, ob es dort geeignete Arbeitskräfte und Lagermöglichkeiten gibt.

Eva Steiff heiratet bald nach ihrer Rückkehr Georg Köpf, einen Kaufmann aus Aalen, der auch im Spielwarengeschäft tätig ist.

Noch immer ist Margarete Steiff auch bei der Entwicklung und beim Nähen von Mustern ihrer Spielzeugtiere mit dabei.

Nicht nur der Bär, auch andere Steifftiere werden jetzt beweglich. Am 7. Mai 1908 berichtet Margarete Steiff dem Mann ihrer Nichte Eva über eine Neuheit, nämlich Hasen mit beweglichen Ohren. Diese Hasen sind eine technische Besonderheit, weil Franz Steiff eine Möglichkeit gefunden hat, wie man nicht nur Kopf und Füße, sondern auch die Ohren der Tiere beweglich machen konnte. Margarete Steiff schreibt in ihrem Brief an Georg Köpf:

Im Mai 1908 berichtet Margarete Steiff in einem Brief über diesen Hasen, der eine Neuheit mit technischen Raffinessen darstellt.

Du erhältst anbei gewünschte Muster für Herrn Has, wenn es zu einer Bestellung kommt, so wird der Anzug etwas weniger schwerfällig ausfallen, beim ersten Stück muß man erst Erfahrungen sammeln. Die Hasen 5328 sind Füße, Kopf und Ohren beweglich und kann man denselben die possierlichsten Stellungen geben, was bei den No. 4228 und 4328 nicht der Fall ist. Ich hatte im Augenblick keinen melierten Filz im Hause, nun habe ich aber Muster wie beigefügt, es macht sich in meliert fast besser. Statt schwarz und weiß, können die Hasen auch braun und weiß geliefert werden, bei Bestellung bitte die Farbe zu bestimmen, mein Rat wäre, die Damen ganz weiß zu machen. Soll die Dame auch einen Rucksack haben? Nach Aufgabe einer Bestellung kann sofort geliefert werden.

Im Juli 1908 erhält Margarete Steiff zu ihrem 61. Geburtstag ein kleines Tagebuch geschenkt, um die Geschichten festzuhalten, die sie ihren Nichten und Neffen immer erzählt: von ihrem Großvater Bartholomäus, von Dr. Werner, von ihrer Sturzfahrt in der Niederen Gasse, vom ersten Elefanten … Also zeichnet Margarete Steiff ihre Lebenserinnerungen auf, sobald sie etwas Zeit findet. Sie schreibt:

Dieses Buch wurde mir einst geschenkt mit der Weisung, meine Lebensgeschichte darein zu schreiben; endlich komme ich dazu, damit zu beginnen, glaube aber nicht, dass es etwas rechtes wird, denn schriftstellern ist nicht meine Sache. Ich gebe, was ich kann, und meine Eigenen werden mich schon verstehen. Ich bin geboren am 24. Juli 1847 und erhielt die Namen Apollonia Margarete Steiff. (…) Mit 1 ½ Jahren wurde ich von einer Krankheit befallen, nach welcher ich nicht mehr gehen konnte, der linke Fuß war vollständig, der rechte teilweise gelähmt, auch der rechte Arm war sehr geschwächt.

Und sie schreibt ihre Lebenserinnerungen nieder bis zu der Zeit, in der sie ihren ersten Elefanten genäht hat. Ab diesem Zeitpunkt kennen ihre Nichten und Neffen die Geschichte, also berichtet sie über die Folgezeit nur noch gerafft und in Stichworten. Am 1. April 1909 schreibt sie in einem Brief an den Mann ihrer Nichte Eva:

Mir geht es gottlob gut, ich bin alle Tage im Geschäft, denn daheim ist mirs viel zu langweilig und man wird hier auch sehr verwöhnt mit den großen hellen Geschäftsräumen. Ich freue mich sehr bis Margaretle (die kleine Tochter ihrer Nichte Eva Köpf, W.H.) zu uns kommt für länger, über die Feiertage habe ich auch Zeit für das liebe Kind. (…) Die milde Frühlingsluft tut einem gut, trotz des Regens.
Herzlich grüßt Dich und Eva
Eure treue Tante

Margarete Steiff, hatte selbst keine Kinder, aber die schmuseweichen Spielzeugkreationen von Steiff beglücken damals wie heute Kinder auf der ganzen Welt.

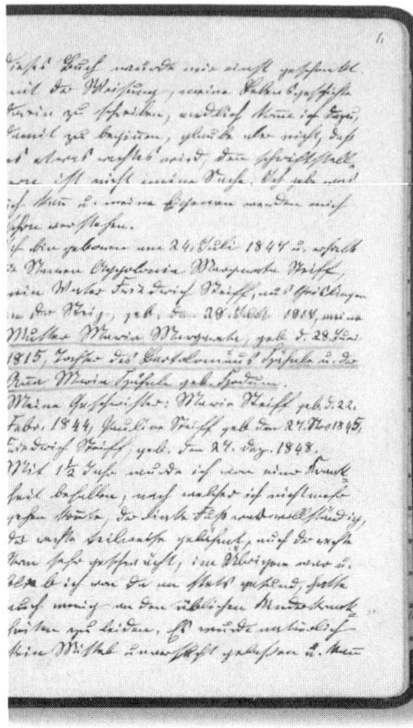

Das Tagebuch der Margarete Steiff. Auf 15 Seiten erzählt die gelähmte Spielwarenfabrikantin ihre Erinnerungen.

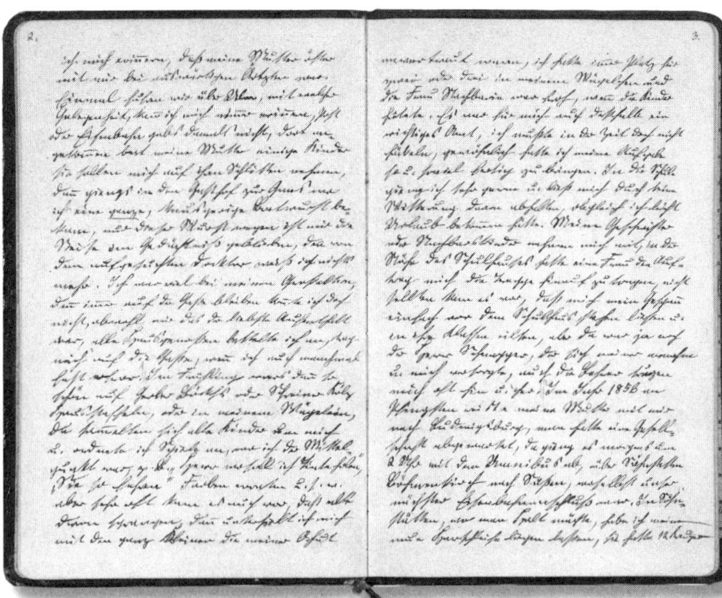

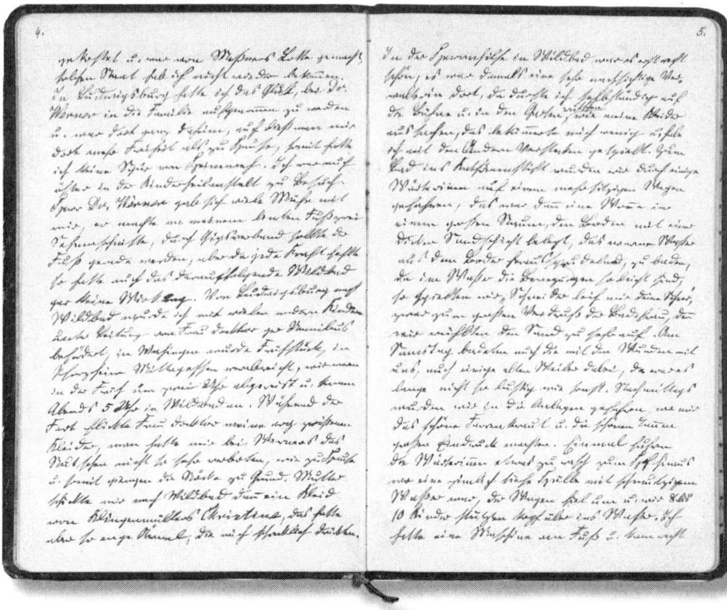

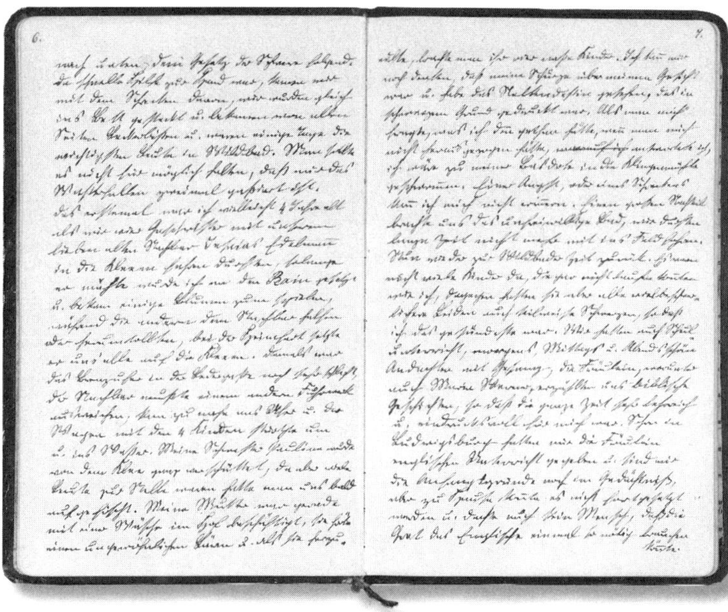

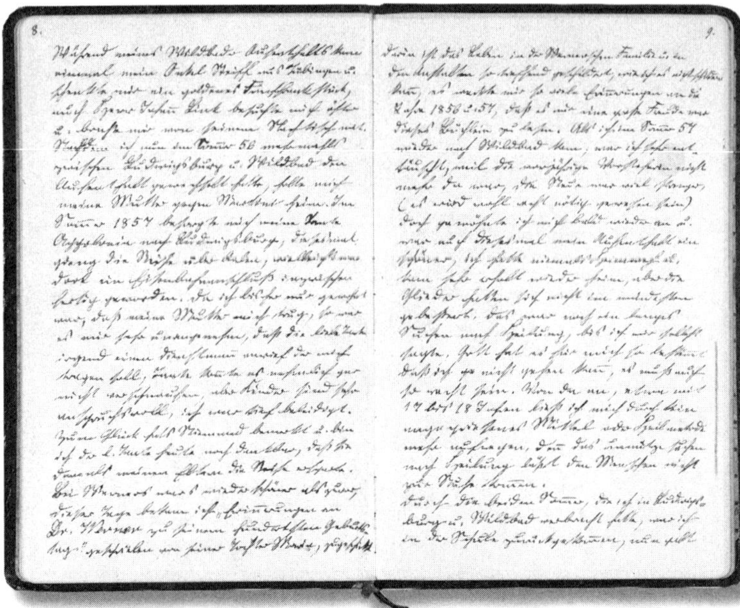

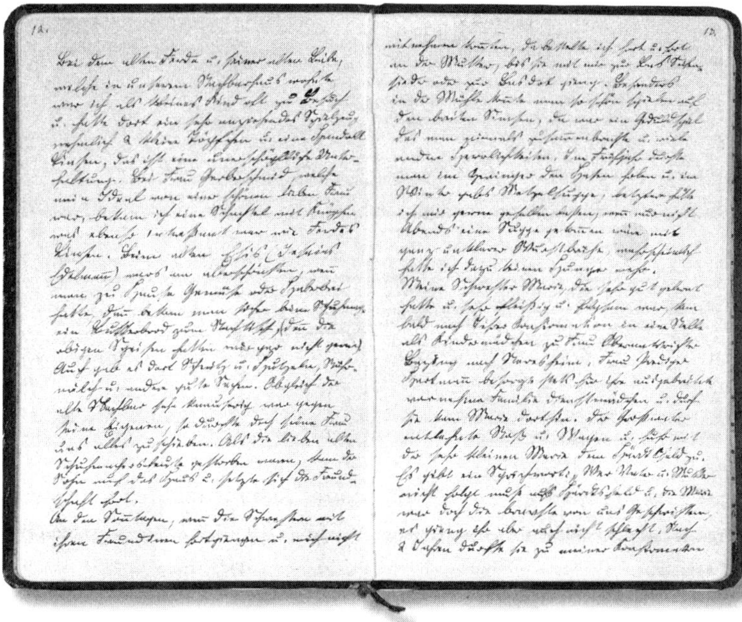

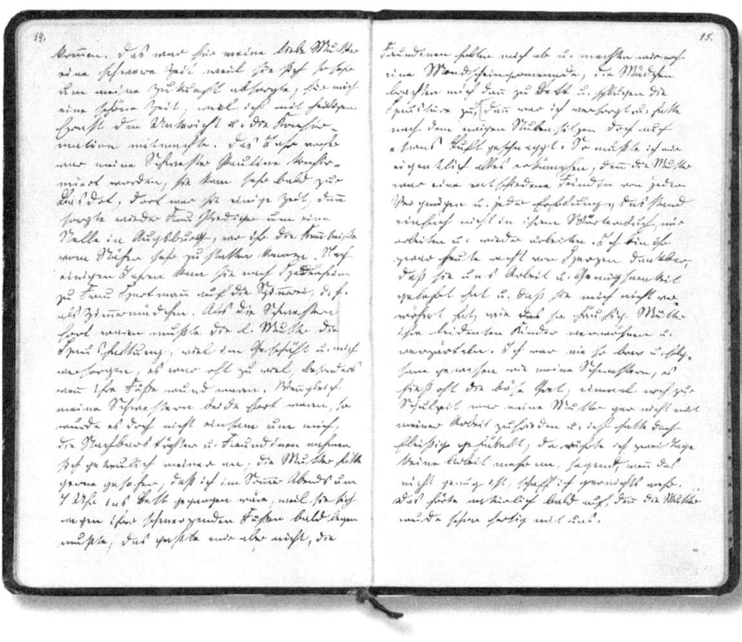

Nur zwei Wochen nach diesem Brief erkrankt Margarete Steiff überraschend an einer Lungenentzündung, an deren Folgen sie am 9. Mai 1909 im 62. Lebensjahr stirbt. Drei Tage später wird Margarete Apollonia Steiff auf dem Friedhof zu Giengen beerdigt. In der Grabrede heißt es:

Ist's nicht ein Wunder, wenn eins, dem man in der Kindheit wohl höchstens Blicke des Mitleids gönnte, dem man sicher eine wenig beachtete, stille, fast vergessene Existenz im Winkel voraussagte, so heraustritt an das Licht der Öffentlichkeit.

Mit dem Tod von Margarete Steiff endet die Lebensgeschichte dieser bedeutenden Frau, aber es ist noch keineswegs das Ende der »Welt von Margarete Steiff«, denn ihr Werk lebt bis heute weiter. Bis heute ist nicht nur der Wahlspruch: »Für Kinder ist nur das Beste gut genug in der Margarete Steiff GmbH« noch immer verpflichtend für höchsten Qualitätsanspruch, auch die Wortmarke »Knopf im Ohr« ist nach über 100 Jahren noch immer in Gebrauch: eine geradezu unglaubliche Kontinuität. Kein Ende der Geschichte also, aber daß die »Welt der Margarete Steiff« einmal in einem eigens dafür errichteten Museum für jung und alt erlebbar werden würde, daran hätte auch ihre Gründerin noch nicht einmal im Traum gedacht.

Eine große Trauergemeinde geleitet Margarete Steiff zur letzten Ruhe.

Unter blühenden Bäumen bewegt sich der Trauerzug der verstorbenen Fabrikantin Margarete Steiff zum Friedhof. Dem Sarg folgt ein Kranzwagen, gezogen von einem Schimmel und einem Rappen.

Das Grab von Margarete Steiff auf dem Giengener Friedhofs an ihrem 100. Geburtstag im Jahre 1947

24. Juli 1847 Apollonia Margarete Steiff wird als drittes von vier Kindern des Bauwerksmeisters Friedrich Steiff (1816–1894) und seiner Frau Maria (1815–1889) in Giengen an der Brenz bei Ulm geboren. Margaretes ältere Schwestern heißen Marie (geb. 1844–1879) und Pauline (1845–1912), ihr jüngerer Bruder (1848–1900) erhält den Namen Friedrich (Fritz).

Im Alter von 18 Monaten – kurz nach der Geburt des Bruders Fritz – erkrankt Margarete Steiff an Kinderlähmung, ihr linker Fuß wird vollständig und ihr rechter teilweise gelähmt. Außerdem kann sie ihren rechten Arm kaum noch bewegen. Sie ist seither zeitlebens auf den Rollstuhl angewiesen.

1856 Der Ludwigsburger Arzt Dr. August Herrmann Werner versucht in seiner Kinderklinik die Neunjährige zu heilen. Kuraufenthalt in der »Herrenhilfe« in Wildbad. Im Sommer 1857 weitere Behandlung in Ludwigsburg und erneuter Aufenthalt in Wildbad. Alle Heilungsversuche bleiben jedoch ohne Erfolg.

1858 bis 1861 Besuch der Giengener Schule und der Nähschule im örtlichen Rathaus.

Ab 1862 lernt Margarete Steiff trotz ihrer Behinderung das Zitherspiel, welches sie bald so gut beherrscht, daß sie Unterricht geben kann. Margarete Steiff fertigt Aussteuern für Verwandte und Bekannte an, u.a. bei Hans Hähnle (1838–1909), dem Stiefsohn ihrer Tante Apollonia und Gründer der »Württembergischen Woll-Filz-Manufaktur Giengen«

(1866), später »Vereinigte Filzfabriken« (1881). Die Schwestern Steiff gründen im Elternhaus ein »Putzgeschäft« zur Herstellung von Kleidern und Aussteuern. Kauf der ersten Nähmaschine in ihrer Heimatstadt Giengen.

1870 bzw. 1873 heiraten ihre Schwestern und verlassen das elterliche Haus. Margarete Steiffs Zukunft ist völlig offen.

1874 Margarete Steiff erhält als Geburtstagsgeschenk einen eigenen Arbeitsraum im elterlichen Haus. Sie eröffnet dort eine Nähstube.

Um 1877 Gründung eines Filzkonfektionsgeschäfts auf Rat von Adolf Glatz, dem Mann ihrer Cousine und Freundin Marie, der zunächst in leitender Funktion, später als Direktor bei den »Vereinigten Filzfabriken« beschäftigt ist.

1879 Angeregt durch die Zeitschrift »Modewelt« fertigt sie erstmals einen Elefanten aus Filz, ausgestopft mit Wolle, der zunächst als Nadelkissen dienen sollte, aber bald als Spieltier Verwendung findet. Damit entsteht das erste weichgestopfte Spieltier der Welt.

Ab 1883 steigt die Spielwarenproduktion im Filz- Versandgeschäft von Margarete Steiff langsam, aber stetig und sie präsentiert ihre Kreationen in einem Export-Musterlager in Stuttgart.

1888 Bau eines Wohn- und Geschäftshauses, das im Erdgeschoß einen Eckladen und im ersten Stock eine behindertengerechte Wohnung enthält.

1892 scheitert der Versuch einer Patentanmeldung für weichgestopfte Spieltiere. Seit 1892 firmiert das Kamel als erste Schutzmarke der Firma, um die Produkte vor Nachahmungen zu schützen. Das Kamel wird 1897/98 durch den Elefanten ersetzt.

1904 erfindet Margarete Steiffs Neffe Franz zur Kennzeichnung der Spieltiere den Knopf im Ohr aus Metall (der wie die dazu entwickelte Wortmarke »Knopf im Ohr« noch heute gültig ist).

1893 erfolgt der Eintrag der Firma »Margarete Steiff Filz-Spielwaren-Fabrik Giengen/Brenz« ins Handelsregister.

Bis 1898 entstehen zahlreiche, weitere Tiermodelle, zunächst noch in kleinen, doch stetig wachsenden Stückzahlen.

1897 tritt Richard Steiff in das Unternehmen ein. Richard Steiff (1877–1939), der zweitälteste Sohn von Margarete Steiffs Bruder Fritz, besucht die Kunstgewerbeschule in Stuttgart (heute Staatliche Akademie der Bildenden Künste) und fertigt im Stuttgarter Zoo zahlreiche Skizzen von Tieren, nach denen später Steiff-Kreationen entwickelt werden.

1897 erste Teilnahme an der Leipziger Spielwarenmesse. Alle Söhne von Margarete Steiffs Bruder Friedrich richten ihre Berufsplanung auf die Firma aus, nach und nach nehmen Paul, Franz, Otto, Hugo und schließlich Ernst Steiff verantwortliche Positionen in der Filz-Spielwaren-Fabrik von Margarete Steiff ein.

1901 erscheint der letzte Katalog des Filzversandgeschäfts und die endgültige Umstellung auf die Spieltierproduktion beginnt.

1902 hat die Firma Steiff mehr als 200 Beschäftigte.

1902 erfindet Richard Steiff den ersten Spielzeugbären mit beweglichen Gliedern. Die erste Kollektion dieser Bären, die 1903 auf der Leipziger Spielwarenmesse präsentiert werden, gilt als verschollen. Die Jahresproduktion, unterstützt durch einen Exportboom in die USA, steigt 1903 auf ca. 10000 Bären.

1903 entsteht das erste von drei neuen Firmengebäuden, eine moderne Eisenkonstruktion in Verbund mit Glasfassaden, die gut belüftete Räumlichkeiten mit Tageslicht boten. Diese Glashäuser, von Richard Steiff entworfen und im Volksmund »Jungfrauenaquarium« genannt, werden heute der »anonymen Avantgarde« in der Architektur zugerechnet und stehen unter Denkmalschutz.

1904 erhalten Margarete und Richard Steiff eine Goldene Medaille auf der Weltausstellung in St. Louis. Der Boom des amerikanischen Marktes bringt den wirtschaftlichen Durchbruch für Steiff. Auslöser der rasant steigenden Nachfrage nach Spielzeugbären ist eine politische Karikatur von Clifford K. Berryman, die den amerikanischen Präsidenten Theodore »Teddy« Roosevelt mit einem jungen Bären zeigt, die Roosevelts Popularität enorm steigert und dem »Teddy« bis heute seinen Namen gibt.

1906 Umwandlung der »Margarete Steiff, Filzspielwarenfabrik Giengen/Brenz« in die »Margarete Steiff GmbH«. Geschäftsführung durch Margarete Steiff und ihre Neffen Paul, Richard und Franz Steiff (der unerwartet 1908 verstirbt).

1907 fertigen bei Steiff in Giengen bereits 400 Arbeiter in der Fabrik und 1800 Heimarbeiterinnen neben vielen anderen Stofftieren ca. eine Million Teddybären.

1909 stirbt Margarete Steiff kurz vor ihrem 62. Geburtstag an einer Lungenentzündung. Nach ihrem Tod werden neben Richard und Paul Steiff auch Hugo und Otto Steiff zu Geschäftsführern bestellt. Margaretes acht Nichten und Neffen bestimmen nun als Gesellschafter über die Zukunft des Unternehmens.

1909 kommt der schwanzlose, zusammenlegbare Stoffdrache »Rolopolan« auf den Markt.

1925 Einführung der Fließbandproduktion durch Hugo Steiff. Die Folgen der Weltwirtschaftskrise bringen auch der Firma Steiff schwere Einbrüche. 1928 sind es noch über eine Million hergestellter Steiff-Artikel, im Jahr 1933 nur noch 197 209 Stück.

1951 Die Comic-Figur »Mecki« aus der Zeitschrift »Hör zu« beschert der Firma Steiff einen Nachkriegsboom, der an die legendären Bärenjahre erinnert.

1965 Eva Pauline, die letzte von Margarete Steiffs Nichten, stirbt.

1980 Gründung des 1. Steiffmuseums in einem der von Richard Steiff konstruierten Glasbauten.

Bis 1985 sind Familienmitglieder (Hans-Otto Steiff) in der Firmenleitung tätig. Noch heute sind Familienmitglieder (Friedhelm Steiff) in der Steiff Beteiligungsgesellschaft mbH aktiv, die die Interessen aller Anteilseigner vertritt.

2005 Neubau des Erlebnismuseums »Die Welt von Steiff« aus Anlaß des 125jährigen Firmenjubiläums. Heute beschäftigt die Firma weltweit ca. 800 Mitarbeiter. Im Sortiment befinden sich u. a. ca. 800 Spieltiere.

Danksagung

Diesem Buch liegen die Erinnerungen zugrunde, die Margarete Steiff im Jahre 1908 verfaßte. Die altertümliche Schreibweise der Dokumente wurde in der Regel beibehalten – sie gehört schließlich zur persönlichen Handschrift von Margarete Steiff –, nur die Zeichensetzung wurde an einigen Stellen angepaßt. Außerdem wurde bei dieser Arbeit auf umfangreiches Brief- und Aktenmaterial zurückgegriffen.

Ich danke den damaligen Mitgliedern des Arbeitskreises für Stadtgeschichte, Herrn Bürgermeister a. D. Siegfried Rieg, Herrn Wolfgang Heger, Herrn Ernst Hess, Herrn Jörg Junginger (†), Herrn Engelbert Mager, Herrn Hans Meroth, für ihre freundliche Unterstützung und insbesondere Herrn Hans Willy Kettner und Herrn Dr. Alexander Usler für ihre unersetzbare Beratung und Hilfe, die das Buch im Jahre 1997 ermöglichten.

Unverzichtbar war dabei für mich auch die freundschaftliche Unterstützung und die kritische Begleitung des Buchprojekts durch Sabine Marxer, Chris Schaal, Susanne Sinn und Dietmar Töpfer.

Mein besonderer Dank gilt Frau Rosemarie Wehling und Herrn Prof. Dr. Hans-Georg Wehling. Durch ihre Anregung habe ich mich das erste Mal intensiv mit der Lebensgeschichte von Margarete Steiff, einer der bedeutendsten »Frauen im deutschen Südwesten« beschäftigen können.

Dank auch allen Personen und Institutionen, die mir wertvolles Material zugänglich gemacht haben, insbesondere den Nachkommen der Familie Steiff, Herrn Martin Frechen, Geschäftsführer der Margarete Steiff GmbH, Simone Färber vom Steiff-Museum sowie Frau Manuela Fustig und Frau Oppel vom Firmenarchiv der Margarete Steiff GmbH, Giengen, Herrn Rainer Riexinger, Bad Wildbad, Herrn Götz Bechtle, Bad Wildbad, Herrn

Helmut Braig, Giengen, Frau Margarete Crone, Giengen, den Stadtarchiven Giengen, Ulm und Ludwigsburg, den Staatlichen Museen zu Berlin Preußischer Kulturbesitz – Kunstbibliothek, dem Germanischen Nationalmuseum Nürnberg, der Klinik Markgröningen, dem evangelischen Pfarrarchiv Giengen sowie dem Kirchenregisteramt Heidenheim.
Last, but not least danke ich dem Mitteldeutschen Verlag, insbesondere Verleger Roman Pliske, dafür, daß er das »Tor zur Kindheit« für den Leser erneut geöffnet hat.

Wolfgang Heger, April 2009

Cieslik, Jürgen und Marianne: Knopf im Ohr. Die Geschichte des Teddybären und seiner Freunde, Jülich 1989.
Heger, Wolfgang: Margarete Steiff, in: Frauen im deutschen Südwesten, hrsg. von Birgit Knorr und Rosemarie Wehling. Landeszentrale für Politische Bildung Baden-Württemberg, Stuttgart/Kohlhammer 1993.
Heger, Wolfgang: Das Tor zur Kindheit. Die Welt der Margarete Steiff, Giengen/Brenz 1997.
Heger, Wolfgang, Margarete Steiff, in: Baden-Württembergische Portraits. Frauengestalten aus fünf Jahrhunderten, hrsg. von Elisabeth Noelle-Neumann, Stuttgart/Deutsche Verlags-Anstalt 1999.
Ehrhard, Annegret: Margarete Steiff, Berlin 2000.
Kaster-Bieker, Hedwig; Mayer, Anneliese: Margarete Steiff, in: berühmt – beliebt – behindert. Außerordentliche Frauen im Portrait, hrsg. von der bundesorganisationsstelle behinderte frauen 2001.
Lange-Danielczick, Elsbeth: Margarete Steiff, in: Haug, Martin: Sie fanden den Weg. Neun Frauenschicksale, Stuttgart 1958.
Margarete Steiff GmbH (Hrsg): Kinderträume leben weiter. 150 Jahre Margarete Steiff, Giengen/Brenz 1997.
Mürner, Christian: Verborgene Behinderungen. 25 Portraits bekannter behinderter Persönlichkeiten, München 2000.
Pfeiffer, Günther: Hundertfünfzigster (150.) Geburtstag von Frau Margarete Steiff und 1. Steiff-Festival, Jubiläums-Dokumentation 1997.
Pfeiffer, Günther: 125 Jahre Steiff Firmengeschichte, Königswinter 2005.
Steiff, Margarete: Biographische Aufzeichnungen, Archiv Margarete Steiff GmbH, Giengen/Brenz 1908.
Völker-Krämer, Sabine: Wie ich zur Teddymutter wurde. Das Leben der Margarete Steiff nach ihren eigenen Aufzeichnungen, 2. Aufl., Stuttgart 1996.
Wunderlich, Dieter: WageMutige Frauen – 16 Porträts aus drei Jahrhunderten, München 2008.
Schwarzenberger, Xaver: Margarete Steiff, Filmbiographie, 2005.
Halbe-Bauer, Ulrike: Ich gebe, was ich kann, Giessen/Basel 2007.

Quellenverzeichnis

1 Sonntag Aktuell, vom 1.12.2005, S. 18.
2 Ebd.
3 Hermann Schreiber: Warum der Teddy eine Seele hat, in: Geo 1/97, S. 130.
4 Jürgen und Marianne Cieslik: Knopf im Ohr. Die Geschichte des Teddybären und seiner Freunde, Jülich 1979, S. 101.
5 Ingeborg Weber-Kellermann: Der Kinder neue Kleider, Frankfurt am Main 1985, S. 7.
6 Hermann Schreiber, a.a.O., S. 130.
7 Ebd.
8 Vgl. K. K. Meck, Chronik und Adreßbuch der ehemaligen Reichsstadt Giengen, Giengen 1927, S. 87 ff.
9 Oberamtbeschreibung von 1844. Zitiert nach K. K. Meck, ebd., S. 41 ff.
10 Max Hummel: Allhie ein gut Spital, in: Unsere Stadt 1991, S. 37.
11 Adolf Schmid: Königlich württembergische Demokraten, in: 900 Jahre Giengen an der Brenz. Beiträge zur Stadtgeschichte, Giengen an der Brenz 1978, S. 102.
12 Auskunft von Hans Willy Kettner.
13 Rudolf Stadelmann: Soziale und politische Geschichte der Revolution von 1848, München 1970, S. 25.
14 Ebd.
15 Auskunft von Hans Willy Kettner.
16 Gemeinderatsprotokoll, 4. Februar 1843, Blatt 130, Stadtarchiv Giengen
17 Quelle: Stadtarchiv G Sign BF90 566.
18 Spieß'sche Chronik. Zitiert nach K.K. Meck, a.a.O., S. 118.
19 Rudolf Stadelmann, a.a.O., S. 96.
20 Spieß'sche Chronik. Zitiert nach K. K. Meck, a.a.O., S. 118.
21 Rudolf Stadelmann, a.a.O., S. 96.
22 Ingeborg Weber-Kellermann: Die Familie. Versuch einer Sozialgeschichte, Frankfurt am Main 1974. S. 103.
23 K. K. Meck, a.a.O., S. 120.
24 Adolf Schmid in: 900 Jahre Giengen, a.a.O., S. 104 ff.
25 Nach einem Fahrplan von 1863. Vgl. dazu Uwe Siedentop, Die Brenztalbahn, Stuttgart 1984, S. 173.
26 Ingeborg Weber-Kellermann: Die Kindheit. Eine Kulturgeschichte, Frankfurt am Main 1989, S. 154.
27 Ingeborg Weber-Kellermann: Die Kindheit, a.a.O., S. 155.
28 Ruth Dirx, Das Buch vom Spiel, Berlin 1981, S. 251.
29 Ingeborg Weber-Kellermann: Der Kinder neue Kleider, a.a.O., S. 62.
30 Ira Spieker: Bürgerliche Mädchen im 19. Jahrhundert, Göttingen 1990, S. 70.
31 Ira Spieker, a.a.O., S. 70.
32 Bericht über den Fortgang der Kinderheilanstalt zu Ludwigsburg, Ludwigsburg 1851, S. 5.

33 Maria Riehm: Lebensbild von Dr. August Hermann Werner. Zu seinem hundertjährigen Geburtstage, Basel 1908, S. 29.
34 Ebd., S. 30.
35 Der dritte Sommer der Herrenhilfe zu Wildbad, Ludwigsburg 1857, S. 5.
36 Maria Riehm, a.a.O., S. 52.
37 Ebd.
38 Ebd., S. 33.
39 Walter Hagen: Dr. August Hermann Werner, der Arzt, der Christ, der Kinderfreund, in: Ludwigsburger Geschichtsblätter, Heft 20, 1968, S. 89.
40 Ebd.
41 Ebd.
42 C. Burckhardt: Der Kurort Wildbad im Königreich Württemberg, Wildbad und Stuttgart 1861, S. 5.
43 Der dritte Sommer der Herrenhilfe zu Wildbad, a.a.O., S. 4.
44 C. Burckhardt, a.a.O., S. 11 ff.
45 Walter Hagen, a.a.O., S. 89.
46 Der dritte Sommer der Herrenhilfe zu Wildbad, a.a.O., S. 4.
47 Maria Riehm, a.a.O., S. 44 ff.
48 Der dritte Sommer der Herrenhilfe zu Wildbad, a.a.O., S. 11.
49 Maria Riehm, a.a.O., S. 40.
50 Ebd., S. 41.
51 Maria Riehm, a.a.O., S. 47 f.
52 Stiftungsratsprotokoll 1855–1857, 26. Juni 1856, Stadtarchiv Giengen/Brenz, Signatur F F19 Nr. 477.
53 Der dritte Sommer der Herrenhilfe zu Wildbad, a.a.O., S. 20.
54 Stadtpflegrechnung 1857, Signatur B F40 Nr. 439.
55 Walter Hagen, a.a.O., S. 90.
56 Ebd. S. 88.
57 Max Hummel: Giengens Schulwesen unter württembergischer Oberhoheit, in: Unsere Stadt 1994, S. 49.
58 Erhard Lenk: Johannes Buhl, Begründer der evangelischen Lehrerinnenbildung in Württemberg 1810–1868, in: Ludwigsburger Geschichtsblätter, a.a.O., S. 94.
59 Max Hummel: Giengens Schulwesen unter württembergischer Oberhoheit, a.a.O., S. 52.
60 Ebd., S. 45.
61 Ebd., S. 53.
62 K. K. Meck, a.a.O., S. 175.
63 Max Hummel: Von der Giengener Latein- zur Realschule, in: Unsere Stadt 1995, S. 37.
64 Auskunft von Hans Willy Kettner.
65 K. K. Meck, a.a.O., S. 179.
66 Vgl. Ulrich Meier: Die städtische Musikschule Giengen, in: 900 Jahre Giengen, a.a.O., S. 184 ff.
67 Vgl. Ernst Klee: Behindert, Frankfurt am Main 1980, S. 281.
68 K. K. Meck, a.a.O., S. 209.

69 Hans-Georg Wehling: Ein Bindestrich-Land? Verbundenes und Unverbundenes in der politischen Kultur Baden-Württembergs, in: Hans Georg Wehling / Dieter Langewiesche, Baden-Württemberg. Eine politische Landeskunde Teil II, Stuttgart 1991), S. 18.
70 Ira Spieker, a.a.O., S. 83.
71 Monika Simmel: Erziehung zum Weibe. Mädchenbildung im 19. Jahrhundert, Frankfurt am Main 1980. S. 156.
72 Ira Spieker, a.a.O., S. 72.
73 Ebd.
74 Ingeborg Weber-Kellermann, Der Kinder neue Kleider, a.a.O., S. 73.
75 Vgl. Eugenie Schumann: Erinnerungen. Zitiert nach Ingeborg Weber-Kellermann, Der Kinder neue Kleider, a.a.O., S. 69.
76 Adolf Schmid in: 900 Jahre Giengen, a.a.O., S. 105.
77 Hedwig Dohm in: Elke Frederiksen (Hrsg.), Die Frauenfrage in Deutschland 1865–1915, Stuttgart 1981, S. 239. Zitiert nach Ira Spieker, a.a.O., S. 87.
78 Vgl. Lothar Suhling: Heinrich Voelter – Papier aus Holz, in: Jörg Baldenhofer (Hrsg.), Schwäbische Tüftler und Erfinder, Stuttgart 1986, S. 53.
79 Adolf Schmid in: 900 Jahre Giengen, a.a.O., S. 106.
80 Ebd.
81 Ingeborg Weber-Kellermann: Die Kindheit, a.a.O., S. 139.
82 Genehmigungsurkunde, Stadtarchiv Giengen.
83 Vgl. Ingeborg Weber-Kellermann: Der Kinder neue Kleider, a.a.O., S. 77.
84 Vgl. Claus-Peter Westrich: Aus der Geschichte der Feinpapierfabriken Julius Glatz GmbH Neidenfels, Neustadt an der Weinstraße 1991, S. 21.
85 Vgl. Adreßbuch der Stadt Stuttgart 1879.
86 Die Modenwelt, Dezember 1879. Vgl. auch Cieslik, a.a.O., S. 12.
87 Die Modenwelt, Dezember 1879.
88 Ebd.
89 Cieslik, a.a.O., S. 11.
90 Ebd., S. 14.
91 Firmenarchiv Margarete Steiff GmbH.
92 Ebd.
93 Vgl. Cieslik, a.a.O., S. 12 ff.
94 Altregistratur Nr. 756/22, Stadtarchiv Giengen.
95 Günther Pfeiffer: 125 Jahre Steiff Firmengeschichte, Königswinter 2005, S. 156.
96 Ebd.
97 Vgl. Bauaufnahme, Firma Steiff GmbH, W. Kupferschmid.
98 Vgl. Cieslik, a.a.O., S. 30 ff.
99 Brenztal-Bote vom 2.11.1904.
100 Mündliche Auskunft Helmut Braig.

Bildnachweis

Bayrisches Nationalmuseum München: S. 64.
Götz Bechtle, Bad Wildbad: S. 51.
Brenztal-Bote: S. 118, 120.
Gerhard Crone, Giengen: S. 26, 91.
Adolf Faber, Giengen: S. 82.
Ernst Finkh, Giengen: S. 33.
Grenzbote: S. 120.
Jörg Junginger, Giengen: S. 90, 96, 114, 115.
Hans Willy Kettner, Giengen: S. 21, 76, 79.
Rainer Riexinger, Bad Wildbad: S. 52, 55.
Staatliche Museen zu Berlin Kunstbibliothek: S. 22, 25, 105, 108.
Stadtarchiv Giengen: S. 3, 40, 58, 59, 100, 117.
Stadtarchiv Ludwigsburg: S. 44, 47, 49, 74.
Schreiber Eßlingen: S. 65, 66, 75.
Margarete Steiff GmbH, Giengen: Umschlagabbildung, S. 10, 13, 16, 23, 34, 68, 72, 73, 85, 86, 92, 102, 107, 110, 111–113, 121, 116, 118, 119, 122–126, 128–130, 132–135, 137–148, 150, 151, 153–158, 177–192.
Ernst Wolf, Giengen: S. 63.

Steiff Museum

Steiff Museum
Margarete-Steiff-Platz 1
89537 Giengen/Brenz

Telefon:	(07322) 131-500
Fax:	(07322) 131-700
E-Mail:	die-welt-von-steiff@steiff.de
Internet:	www.steiff.de

Zu Margarete Steiffs Zeiten hätte sich niemand träumen lassen, daß für ihre Spieltierwelt einmal ein eigenes Museum gebaut werden würde.

Teddybär und Elefant. Steiff-Wahrzeichen im Eingangsbereich des Museums.

Die neue »Welt von Steiff« findet Platz in einem zeitgenössischen Museumsbau.

Im Geburtshaus der Margarete Steiff in der Giengener Ledergasse.

Heute wird das denkmalgeschützte Gebäude als Museum genutzt.

Das Steiff-Museum gibt einen Einblick in das Leben der Firmengründerin und ihre Zeit.

Mit einem Nadelkissenelefanten beginnt 1879 der Weg zur Weltmarke.

Eine spannende Reise führt die Besucher im Erlebnismuseum durch die Welt von Steiff.

Seit 130 Jahren begeistern sich jung und alt für die Welt der Margarete Steiff.

Produkte aus dem Hause Steiff aus den Jahren 1895 bis 1914

Lamm 516-1, 1900; Puppenkind 708, 1895

Katze 2408,4, 1906; Dromedar auf Kissen, 1914

Ente auf Gußeisenrädern 625-2, 1898

Roly Poly Bär 319, 1908; Bär auf Gußeisenrädern 1222, 1906; Stehaufbär 658-1, 1898

Stehaufelefant, 1907; Elefant 8 M, 1904; Elefant 1408,0, 1908; Elefant 1122, 1914; Elefant 5322, 1914; Malschablone

Teddybär als Wärmflasche 5335, 1908; Kamel auf Gußeisenrädern 1135, 1908

Polarbär 8314, 1909; Spitz 5322, 1906

Bärle 28 PB, 1904; Richard Steiff Teddy, 1905; Affe (Strickanzug) 43

Hahn 617-1, 1898; Holländer Hase 5317, 1909

Frosch als Tintenwischer 3108, 1898; Katze mit Teppich 8644 L, 1908; Kakadu 642-1, 1898; Dax auf Gußeisenrädern 1422, 1908